〈生きづらさ〉の時代の保育哲学

中西新太郎

Nakanishi Shintaro

ひとなる書房

HITONARU SHOBO

はじめに

「子どもを預かって」という悲鳴が、いま、日本全体に広がっています。生活のためにどうしても働く必要があるのに保育所が足りない、仕事口も見つからない。そんな子育て家庭の困難が、二〇〇八年九月の「リーマン・ショック」以後、はっきりとみえるようになってきました。わが子の将来を思えば、毎月々の貯金が欠かせない現実、小さいときから習い事に通わせないと「落ちこぼれ」にされてしまうのではという不安……。いまの日本での子育てには山のような不安があって、親たちはその不安に押しつぶされてしまいそうです。そして子どもたちもまた、幼いときから、まわりに気を配り、仲間はずれにされぬよう細心の注意を払って生きることを強いられます。「子どもはのびのびゆったり育てばよい」と多くの人が願っていても、残念ながら現実はそうなっていません。普通に育つこと、普通に過ごすことがむずかしい、「生きづらい」社会になっているのです。

どうしてそうなってしまったのか。

自然にそうなったわけではありません。親にも子どもにも〈生きづらさ〉をひしひしと感じさせるような環境が、構造改革時代と私が呼ぶ、この十数年のあいだに急激に広まり、日本の社会をこわしてきたからです。子育てをめぐるそんな環境の変化について、この本では考えようとしています。深刻できびしい〈生きづらさ〉をつくり出している考え方、子どもや人間の見方にたいして、「それはおかしい」と私たちがはっきり声を出して言うことが大切だと思うからです。

子どもたちは社会の、おとなの支えなしには成長することができません。そのあたりまえの事実が、「構造改革」というめがねでみると、社会に負担（コスト）をかけるのが子どもだ、というふうに映ってしまいます。子どもにかぎらず、病人や高齢で働けない人……もまた、社会にコストをかける存在です。そういう負担はなるべくかけるなと言われ、「生まれた以上、社会に借金を負っているのだからそれをきちんと返せるようにしろ」などと迫られるとしたらどうでしょう。生きることそのものが苦しくてたまらないはずです。社会のお荷物にならず「採算のとれる」人間になれと要求する政治、社会が、つまり、構造改革政策のめざす社会にほかならないのです。生きることそれ自体を苦しくさせる、〈生きづらさ〉をどこまでも広げる、そんな社会であってはいけないと強く感じます。

子どもが安心して育つために必要な支えは、コストではなく、私たちの社会を豊かにするものです。子育て環境を整える仕事は、次世代がよりよい環境で生きられるための知恵や技術、文化を豊かにしてゆく営みであり、社会の質・水準を高めるものなのです。それだから、「私の子どもが安心して育つような環境をつくって」と要求することは決して身勝手ではありません。自分たちで（自己責任で）子どもを育てなさいと要求することのほうが、社会の豊かさをこわします。子どもたちが、そして親たちが、共に育ち生きられる環境の創造、つまり子育ての共同こそが、〈生きづらさ〉を強いる社会に対抗する道です。

では、共同とはどのような営みなのか、どうすれば共同を深め広げてゆくことができるのか——本書で読者のみなさんと一緒に考えてみたいと思います。

〈生きづらさ〉の時代の保育哲学——もくじ

もくじ

装幀／山田道弘

第Ⅰ章

親とつながる手がかりをさぐる

貧困と不安の中の家族

1 「モンスター」と非難する前に

「思わず絶句……」の子育て

「昨日友だちの家で遅くまで遊んじゃって、子どもも一緒に午前様だったから、朝眠くて。近くのお母さんに娘の登園お願いしてますから、よろしく」

たとえばそんな連絡電話があったら。それどころか連絡もなく、そういう事情をいちいち聞き出さなければならない羽目になったら。「子どもがかわいそうじゃないの」「親なんだからもっとしっかりしてよ」と言いたくなるにちがいありません。

ふだん、何気ない会話のなかで出てきた家庭での子育てのトピックに、「わ！　そんなことをしているの」と絶句してしまうことは、保育者のだれしもが経験しているのではないでしょうか。運動会や遠足などのイベントに、コンビニのお弁当があらわれ驚かれたのは、いまやもう過去のこと。その程度では驚かないぞという人でも、家庭の生活が変わったなあ、と感じる機会は広がっているのではないでしょうか。なかには、子育ての放棄にしかみえず、とても放っておけない場合だってあるかもしれません。

親の思うようにならない思春期の子どもならばともかく、乳幼児期の子どもたちを安心できる環境におくのは、とりあえずは親の責任じゃないか、と私たちは感じていますから、危なっかしい子育ての場面に出くわせば、そして子どものことを思えばなおさら、「そんなやり方ではダメ」という思いを抱くし、文句をつけたくもなります。

子育てのむずかしさに共感しながら「しっかりして」と励ますことはたしかに大切です。「そんなことしてだめじゃない」と気軽に言いあえる関係も。子育ての共同・協力を築くうえで、たがいに口を出しあえる関係は必要不可欠だからです。ただ、その場合でも、「親だからもっときちんと」という感じ方を出発点にしないこと、もっと言えば、捨ててかかることが重要だと思います。それはなぜでしょうか。

面と向かって「しっかりしてよ」と言わなくても、そう感じてしまうこちらの受けとめ方はなぜか相手にしっかりとわかってしまいます。「だらしないじゃないか」と責められている気配は、子育てに余裕がなく生活に追われる親には、とりわけ、ひしひしとつたわるのです。責められそうな場面にぶつかりたくないのは、だれでもあたりまえでしょう。子育てにどれだけ行き届いた配慮をしているか問いつめられそうな場所には、だから寄りつきたくない。保育園や小学校の側からみると、そんな親たちが「非協力的」に映るのもしかたありません。「いろいろと相談したい親御さんほど来てくれない」と嘆くことになります。でもそうなると、子育てへの親の姿勢を問うことが困難の解決をますます遠ざけてしまいかねません。あたりまえのように「親なんだから」という視線を向けることが、子育ての困難をより一層拡大してしまう――そんな結果になるのはまずいと思うのです。

親のいたらなさを非難し追及すれば子育ての困難がなくなるとは、私にはどうしても思えません。子育てがむずかしいのは事実です。あとでみるように、家庭生活をめぐる経済状況や社会環境がいま大きく変化するなかで、親子、家族の関係に新しいむずかしさが出現していることも否定できません。第Ⅱ章で述べるように、子どもたちが育つ文化環境の変化も、子育てのむずかしさを倍加させています。子どもと共にいまの社会を生きるために、親が努力すべきことがらはたしかに増えています。だれに言われなくても「親は大変」なのが現実です。そうであるからこそ、ただ「しっかり子育てを」を親に要求することでは子育ての困難は解消されない――そう思うのです。「優等生」の親だけが子育ての資格を持つわけではありません。「しっかりしてよ」と言う前に、子育ての困難をおとなたちが一緒に考えてゆけるような安心できるつながり、機会をつくり広げたい。共に考えあえる輪のなかで、親子や家族のつながりについても考えてみるべきではないだろうか。そう考えて、本書では、「家族というものは、子育てとは、こうでなくてはだめ」というモノサシをあてがうのではなく、いま多くの親たちがぶつかっている子育てのむずかしさを、それぞれの家庭だけで悩み処理しようとするのではなく、共同の努力や知恵で解決する方法を探ろうとしています。

レッテル貼りは百害あって一利なし

「でも、実際にモンスター・ペアレントはいるのよ」という声が聞こえてきそうです。「保護者と保育者が手をつなぎあってという理想論に反論はできない、でも……」という気分は、保育や教育の現場で交わされる会話ではないでしょうか。（そんなことを言えば保育者のほうだって……という親の側の声もまた聞こえてくるのですが、それはひとまずおいて）モンスター・ペアレントという言葉はすっかり流行語になってしまいましたが、本当にそんな「こわい親」がいるのでしょうか。「怪物」のような親とはいったいどんな存在なのか、考えてみることにしましょう。

モンスター・ペアレントとして思い浮かべられるのは、「わが子のことだけしか目に入らず、理不尽で非常識な言動を保育園や学校にぶつける親」というものです。たとえば、保育者からみたこんな親の姿がそうです。

「あなたはうちの息子を侮辱したのよ。分かってるの」……

「女の子の背中に圧しかかるだなんて、そんな真似、うちの息子は絶対にしません。京は親に似て、本当に優しい、いい子です。女の子の友達だってたくさんいます」……

「…これがベテランの先生だったら、あたしたち即刻解任するよう運動を起こしてたと思うの。でも今年学校を卒業したばかりの、新米先生でしょう。……」

「反省もしているようだから。今回だけは大目にみるわ。だけど今度またこんなことがあったら、それこそ大変なことになるわよ。いい？ 分かってるの？」

（星野伸一『かもめ幼稚園』ダ・ヴィンチ文庫）

これは小説の世界の話ですが、同様の例がモンスター・ペアレントの言動として現実世界でもたくさん挙げられます。保育園の水道水を飲ませないでと要求する親、子どものケガに過敏ですぐクレームをつける親、子どものケンカに介入する親、「うちの子を叱らないで」と要求する親、発表会で自分の子の出番が少ないと怒る親、説明会や参観日にケータイでおしゃべりに夢中の親……。こうやって数え上げると、「そうそう、私のところでも」という保育者の声があがってくるにちがいありません。親と共に手をつないで子育てを、と願う保育者でも、内心では「困ったなあ」と感じる家庭の姿、親の行動を目の当たりにすることがあるのではないでしょうか。親同士でも、あの言動はちょっとおかしいと感じるような機会はきっとあるのだと思います。そうした背景があるからこそ、モンスター・ペアレントという言葉がまたたく間に広がったのだと感じます。

では、仮にモンスター・ペアレントと呼びたくなるような言動があったとして、「あなたはモンスター・ペアレントなのだから反省しなさい」とやっつければいいのでしょうか。実際に面と向かってそう言ってのける保育者、教育者はまずいないと思います。そんなやり方で子育ての問題を解決することもできません。子育てのどんな困難、問題がいま日本の社会で存在しているのかを見ることなく、「モンスター・ペアレントが悪い」と非難しても何も解決しないのです。

そもそも、モンスター・ペアレントというレッテルがまずおかしいのです。先ほど挙げた親の「問題言動」は、ある場面でのある言葉や行動を取り上げたもので、そこから「この親はモンスター」と、親としての存在すべてを判定してしまうのは行きすぎです。困った言動にたいしても、「それはちがいますよ」と誤解を解いたり、思い込みを解きほぐしてゆくやり方を保育の現場ではとっていると思います。親の言うままになるということではなく、子どもにとってよいあり方を共に考えあってゆくという姿勢です。そうした関係を築くうえで、モンスター・ペアレントという判定は百害あって一利なしというべきなのです。

たとえば、虐待が疑われる事例のように、いくら親の言うこと、することでも、「それはダメ」とストップをかけなければならない緊急事態はもちろんあります。新しい保育所保育指針（二〇〇九年四月施行）では、地域での子育てにたいする保育所の役割が強調され、虐待が疑われるような状況への注意、とりくみについてもふれられていますから、家庭での親子関係を見守る努力が要求されるようになってきました。ただ、その場合でも、つい子どもをたたいてしまう親にたいして、それは虐待だからダメと叱ればすむわけではありません。手を上げてしまう親の状況をていねいにとらえ、親の困難にたいするケアを続けることなしに問題が解決しないことは、児童虐待への対処法として広く知られていることがらです。親の行動を、モンスターのふるまい、とみなすだけでは問題自体を見過ごすことになります。

それでなくても、「子育ては親の責任、それも母親の責任だ」という圧力が、いま大変な勢いで強まっています。虐待事件が報道されるたびに、とんでもない親がいたものだとあきれ、いまどきの親のほうこそ鍛えなおさなくてはしょうがないという論調が広がってきました。「いい加減な親」を糾弾するそんな雰囲気が強まるのに比例して、大変な思いをしてまで子育てをする気にはなれないという若者もまた増えてゆきます。若い世代の大半が、いまの日本は子どもを産み育てるのがむずかしい社会だと感じていますから、子どもを育てるにはしっかりした覚悟がいるぞとプレッシャーをかければかけるほど、子どもを産み育てる気持ちは萎えるにちがいありません。「モンスター」と非難する前に、いま家庭生活と子育ての世界でどんな困難が生まれているのか考える必要があるのではないでしょうか。

モンスター・ペアレントという言葉が広まる背景として思いつくのは、一つには、これまでとはちがう子育て競争の出現です。そしてもう一つは、子育てが思うようにならないほどの家庭生活の困難、貧困が拡大していることです。親が怪物になったのではなく、子育ての世界が大きく変容させられていることにこそ注意を向けるべきだと感じます。以下、この二つの事情について順番にみてゆくことにします。

2 子育て競争をあおる社会

わが子かわいさのあまり理不尽な要求をする親は、じつは、現在の日本社会が「そうしろ」と要求する子育て像に忠実に従っているにすぎません。モンスター・ペアレント非難もそうですが、「だめな親になってはいけない」「賢い子育てをしなければ親失格」という脅しは、「子育てがうまくいかなくても大丈夫」「アバウトでも何とかなるよ」というメッセージをつたえているのではありません。逆です。「母親のあなたがしっかり責任をもって子育てしなければ」と要求するものなのです。では、「しっかり子育て」の「しっかり」の内容は何か？　どんな配慮や努力をすれば「しっかり子育て」していることになるのでしょうか？

焦りと不安をかき立てる子育て雑誌

いまからざっと十年前、「構造改革」政策が日本の社会を激しく変えはじめた時期に、『プレジデントFamily』『日経Kids＋』といった子育て雑誌が次々に創刊され、部数を伸ばしてきました。これらの雑誌には、そこまで言うのかとあきれるほど露骨な「子育て指南」が毎号載っています。「しっかり子育て」の「しっかり」とは何かを考えるために、そうした子育て指南にどんな特徴があるかを箇条書きでまとめてみます。

・子どもがどう育てば「成功」なのかが具体的に示されています。たとえば、「東大に入れた」「私立中学受験合格」といった具合に、です。子育ての目標は子どもを「成功」させること、つまり目標はずばり、「勝ち組」の地位に子どもを到達させる、ということになります。逆に言うと、「失敗」させるのはだめな子育て法になるでしょう。そこで、たとえば、「ニートにさせない子育て」といった内容が当然であるかのようにつたえられるのです。

・幼児のときから親、家庭が責任を持ってしっかり教育しなければだめ、というメッセージをくり返しつたえています。子育てがしつけや生活力といった場面で語られるのではなく、教育を「成功」させることと何よりも深く結びつけられています。子育てがそのまま「教育」になり、親は「教育力」がなくてはだめ、と思わされることになります。

親の責任がそれだけ拡大させられています。

・幼児のときから「教育」するとなれば、親は、ただ勉強させるだけでなく、あそびや暮らしぶりのなかに「しっかり教育」という心がけを持つことを要求されます。散歩に行くのも、部屋を片づけるのも……子どもの教育につなげて考えろ、と要求されるわけです。

・脳科学ブームに乗って、幼児期から「脳を鍛える」ことの重要性が強調されています。逆に、脳を「だめ」にするゲームやテレビの危険性が言われる場合もあります。どちらの場合でも、子どもを放置しない親のしっかりした配慮が子どもの将来を保障するのだと訴えかけています。

こんな特徴を持つ宣伝や記事を目にして親が感じることは何でしょうか。

子育てに失敗してはまずいぞ、という強い圧力を知らず知らずのうちに受けるのではないでしょうか。子どもをめぐる事件が他方では大々的に報道され、「格差社会」で若者が生きにくい世の中になっている現実も連日のようにつたえられているのだからなおさらです。しっかり育てなくてはと自分に言い聞かせている親ほど、敏感に圧力を感じとるにちがいありません。たとえば、「わが子を私立中学に合格させるための栄養レシピ」などという記事まで読まされるとなれば、圧力を感じないほうが不思議というものです。「そうはいっても完璧になんかできないよ」と、割り切っていられれば楽だし、大半はそうやって適当なところで「手を打って」いるのが現実だとは思います。それでも、家庭教育雑誌に出てくるような「配慮」が親心の「標準装備」だと言われてしまうと、「そこまではとてもできないけどね……」と、自分のほうが引け目を感じる側におかれる。できないのがあたりまえなのだからそれをしろと言うほうがおかしい、とは思いにくいのです。

「あれも必要、これも大切」と言われることが本当に必要なこと、大切なことなのかどうかみんなでじっくり考える前に、ただただ親の焦りや不安を誘う効果が、子育て雑誌の流行にはありそうです。たとえば、いま幼児向けの英語教室が爆発的な勢いで増えていますが、専門家のあいだでは、早期の外国語教育はむしろ有害という見解も少なくありません。乳幼児期の脳の働きについて研究がすすんでいるのはたしかだとしても、わかっていないことが数多くあります。「早くから脳を鍛えれば頭がよくなる」といった大ざっぱで単純な理解で英語を教えたり、「脳トレ」に励ませることが愛情のこもった配慮なのかどうか、じつはあやしいのです。それにもかかわらず、少しはやらせたほうが安心かなという気にさせる効果を、メディアがつたえる最近の子育て情報は強烈に持っています。

最近の子育て雑誌のこうした内容からうかがえるのは、親にたいし、「子育て」が大切なわが子を社会的に成功させ、失敗させないための「競争」と感じさせていることです。そこで言われている「成功」や「失敗」の中味が本当にそうなのだろうかと疑ってみる前に、親である以上、とにかくできる努力をしなければだめ、と思わせる。子どもの「できぐあい」が親の「できぐあい」の評価にもなってしまう——子育てをそんな形で考えさせてしまうところに、子育て雑誌流行の大きな問題があるように思います。

親心につけこむ教育政策と育児産業

子育てを家庭教育、つまり「親が責任を持って行う教育指導」だと思いこませるこうした風潮は、二つの強力な力に誘導されています。

一つは、政府による幼児教育の提唱です。幼児の成長に必要なケアの中心が「教育」ととらえられ、新たに教育基本法に書きこまれた幼児教育の推進が追求されはじめました。保育の民営化と深くかかわる幼保一元化の方針も、たんに保育園と幼稚園を統合するだけでなく、子育て支援の内容を「教育」としてすすめることとつながっています。いますぐ具体化されではいませんが、教育基本法の改正に際して、幼児教育の義務化までもが展望されているのです。

子育ての焦点が「教育」に移ってゆくことは、学校教育の場での新しい競争と深く関係しています。小学校から大学まで、いま日本の教育制度は大変な変化の嵐に見舞われているのですが、変化の中心を一言でいえば、「格差をつけた教育」の実現です。「エリート」と「その他大勢」とに、教育ステップも内容も資金もはっきりと差をつける教育が政策としておしすすめられています。

学校教育の世界のそうした激しい変化をここではくわしくふれることができませんが、学齢期の子どもを持つ親、保護者は、その変化を肌で感じているにちがいありません。どんなレベルの教育を受けられるのか露骨にわかるようなしくみがすすんでいるからです。たとえば英語教育について考えてみましょう。学校教育の世界でも小学校からの英語教育が提唱されはじめ、ほとんどの教科を英語で教える公立小学校さえ出現しています。「英語ができないとこれからの社会ではだめだ」と思わせる政策がすすんでいるのですから、インターナショナルスクールへの通学を希望する日本人家庭も急増しています。そうした背景があるからこそ、幼児のときから英語を習わせたいという親があたりまえになっているのです。

もう一つの例として学力テストを挙げておきましょう。教育基本法改正によって実施に移された小中学生の全国学力テストは、「勉強に遅れては大変」という意識をますます駆り立てることとなるでしょう。テスト結果を公開しろという知事や自治体首長の圧力が強まるなかで、学力の低い学校へは行かせたくないという親の気持ちが生まれるのは不思議ではありません。そして、こうした政策は、小さいときから勉強で鍛える「子育て」に、いやおうなく家庭を巻きこんでゆきます。成績が悪い学校は予算配分を減らすという主張すら出ているのですから、「わが子第一」に考えてあたりまえ、「成功」させるためのしっかりした努力をしなければ親として失格になってしまいます。わが子を思う親心につけこんでモンスターになれと圧力をかけているのは、このようにあからさまに競争心をかき立てる教育政策や子育て政策なのではないでしょうか。

子育ての世界に新しい競争が広がっているもう一つの背景として、育児産業による幼児向けのさまざまなサービスを挙げることができます。子育て雑誌もその一つですが、幼児教育マーケットが都市部を中心にいま、「きめ細かく」展開されています。金に糸目をつければ幼児向けのありとあらゆる育児・教育サービスを利用することが、大都市では可能になっているのです。「育児・教育サービス」と「育児」をつけたのは、たとえば放課後子どもを預かりながら塾と同じように勉強を教える、といった一体化したサービスが次々に出現しているからです。たとえば、アートコーポレーションが運営する「パンプキン・ガーデン」という育児支援サービスは、保育園だけでなく送迎や家事の代行も引き受け、保育士以外に調理師や音楽教師などもスタッフにそろえ、「夕食をフレンチにしたいと言われれば調理師を、子供にピアノを教えてほしいとの要望があればピアニストを派遣」してもらえます（日経流通新聞、二〇〇七年五月二日付）。「算数や英語のレッスンのほか、オプションで近隣のお稽古ごとへの送迎サービス」に応じる「そうてつエルフィーキッズ」のオープンを神奈川新聞（二〇〇七年一二月五日付）がつたえていますし、食品宅配事業の会社（エムアウト）が送迎サービスつきの学童保育事業に乗り出したという報道もあります（日経流通新聞、二〇〇七年三月二一日付）。従来の子育て産業だけでなく、さまざまな業種の企業が、学校外での教育サービスを商品として売り出しているのです。

もちろん、こうした育児・教育サービスは費用がかかります（先ほど挙げたパンプキン・ガーデンの場合、派遣は三時間から受け、一時間当たり二千五百円、エムアウトの場合は、月会費が週五日で四万二千円ということです）から、だれでもが利用できるわけではありません。また、都市部と農村部とでは普及の度合いもちがいます。いまはまだ、「そんなにお金をかけなくても」という受けとめ方のほうが多数かもしれません。でも、身近にチャンスがあれば「やらせてみようかな」と、誘惑に駆られてしまうのではないでしょうか。「格安料金」のサービスが大々的に展開されるようになれば（たとえば、コンビニの二階で幼児教室があるといった例を思い浮かべてください）、子どものためにちょっと無理しても通わせようか、ときっと感じてしまうはずです。訪問家庭教師など、家庭にやって来てくれるサービスだってあるのですから、何もさせないことのほうがずっと「勇気」がいる時代です。

商品として提供される育児・教育サービスには、公的なサービスよりもはっきりとした「品質」格差があります。大衆料金の学習サービスがしばしば劣悪な条件を隠したまま宣伝されていることは、子ども向けサービスではありませんが、NOVAの事件がよく示しています。人間が人間にかかわる、とりわけ、子どもという「手のかかる」（つまり、マニュアルどおりの接し方ではすまない）人間にかかわるサービスを行き届いたものにするためには、どうしたってコストをかけなくてはなりません。大衆料金のサービスはそうしたコストを省くことで成り立っていますから、「品質」に格差があるのは当然です。ふんだんにお金を使ったり、人脈を利用して恵まれた育児・教育環境を整えられる親は別として、普通の家庭は、「そこそこの」サービスで満足せざるを得ないし、同じ「そこそこ」のなかでも、どこが

「まし」なのか探すことになります。

効果のほどは保証されていないのに、ついあれこれとそういうサービスに手を出してしまう――そんな心理を、宣伝に惑わされていると責めればすむとは考えません。「せめてできることがないか」という親の行動の根っこには、何もしなければ子どもの将来が保障できそうにないという不安がひそんでいます。その不安もまた、たとえば、「フリーターやニートになったら大変」といった宣伝や教育によってあおりたてられたものです。「小さいときからそんなに心配しなくても」と話しても、社会状況が変わらないかぎり、社会に出て「負け組」にされてしまったらつらい、という不安をなくすことはできません。格差社会のきびしい現実、実態がつたえられ、その現実を打開する方法が見つからないとすれば、ぜいたくは言わないが普通に暮らせるだけの準備を子どもにさせてやりたいと思うのは無理からぬところでしょう。

これまで述べてきた子育て指南やサービスが、はたして「普通に暮らせる準備」になるかどうかは別問題です。そうならないと私は考えていますが、「では何もしないでいいのか」という圧力を、手をかえ品をかえ受け続けている親の立場に立つなら、子育て指南を無視するのはむずかしいと思います。親としてできることは小さいうちにしてあげたい、という気持ちが子育て競争のなかに親を放りこむ「手段」にとても巧妙に利用されているのですから。

それでも（と私は言いたくなります）、「何か少しでも子どものためになることを」という、そんな親心は、親や家庭への圧力が高まっているいまの状況では、かえって親たち自身を追いつめる結果になっているのではないでしょうか。というのも、何もしていない、「努力」していないと周囲から判断された親は引け目を感じさせられ、子育てにかかわる場面に居づらくなるからです。どんな手のかけ方が必要なのか、毎日余裕がなくきびしい生活のなかで何とかやってゆける方法はないだろうかなどと、親同士がなるべく楽に考えあうことはむずかしくなります。しっかり子育てしているかチェックする社会の目がきびしくなれば、「ダメ判定」を受けないよう取りつくろう気持ちが強くなります。うまくゆかないと感じている部分をなるべく目にふれぬよう隠す「技術」がみがかれるのです。そしてそうなれば、「標準装備」の配慮がむずかしい家庭はさらに一層引け目を感じ、子育てが評価される場面に近づかなくなります。そういうプレッシャーのかけ方は、子育ての困難を解消することには決してならないと思います。子育てを競争にしてはいけない――このことをまずみんなで確認しなければいけないし、競争にしないほうがずっと楽に楽しく子育てできますよ、ということをつたえなければいけないと思います。

3　家庭がぶつかっている現実から出発する

見過ごされる貧困

モンスター・ペアレント非難がゆきわたるもう一つの背景として、子育てにたいする親の「無関心」や放置、保育園や学校への非協力といった現象への注目が挙げられます。代表的な例が給食費を払おうとしない親で、文科省が調査に乗り出すまでになりました。「子どもに携帯電話は持たすが、給食費は払わない」「保育料を納入してないのにトイプードルを飼っている」「学級費や給食費未納の親に再三連絡したが、〈袋を忘れた、失くした〉の後に、〈夫に職がなく、手持ちの金が数千円しかない〉との弁。市に相談してはと話すと、〈車に乗れなくなってしまうから〉という返事」（いずれも、尾木直樹「〈モンスターペアレント〉の実態とその背景――親と教師の相互理解に関する調査」二〇〇八年一月）……と、給食費等を払わない親の例がたくさん報告されています。

報告されている個々の例がどんな事情なのかは、もちろんわかりません。「払えるのに払わない」場合がまったくない、と断言することもできないでしょう。ただ、こうした親の姿の背後には、見過ごすことのできない貧困の存在があるように思います。いろいろな意味で子どものめんどうをみられない、「だらしない」、保育者とつながりを持とうとしない……といった形であらわれる子育ての危うさは、子育て家庭の貧困とまちがいなく関係している、と私は考えています。モンスター・ペアレントと非難される親の言動のなかには、これから述べるような貧困とかかわることがらが数多くふくまれているというのが私の印象です。貧困に由来する子育ての姿が非難の対象になるのは、私たちが、いま日本社会に広がっている貧困の具体的な形を十分に理解していないからだ、とも思います。格差社会が親たちの子育て不安と競争心をあおっていると述べましたが、格差社会が子育てにもたらしているもう一つの大きな影響は、貧困のゆえに子育てがむずかしくなっている、ということなのです。

昨年は子どもの貧困が社会的に大きな関心を呼び、子どもの貧困をなくそうと呼びかけるフォーラム（「なくそう！　子どもの貧困　市民フォーラム」二〇〇八年一二月七日）など、子どもの貧困に目を向けるとりくみもはじまっています。そういう動きはあるのですが、現在の日本で子育ての貧困がどんな姿であらわれているかについては、まだまだ理解が足りないのではないかと思います。つまり、私たちの抱いている貧困のイメージが貧弱であるために、子育ての困難をリアルにとらえきれない点があるのでは、と感じるのです。そこで、子育て家庭の貧困とはどんな状態のことをいうのか、みてゆくことにします。

子育て家庭の貧困をリアルにつかむ

貧困ときけば、食べるのもやっとのぎりぎりの生活、住むところさえおぼつかない、たとえば「ネットカフェ難民」の若者たちのような状態を思い浮かべるのではないでしょうか。だれの目にも貧しいとわかるそうした貧困状態が増えているのはたしかです。子育て家庭の貧困でいえば、母子家庭の貧困はこの十数年に（つまり、「構造改革」政策の下で福祉・社会保障が削られ続けた時代に）、ますます広がってしまいました。もともと貧困状態におかれてきた母子家庭ですが、平均年収が二百十三万円（全国母子世帯調査結果報告、二〇〇六年）、いまやその貧困率はOECDのデータで六割近くに達するすさまじさです。また、あまり知られていないことですが、児童養護施設に入所している子どもたちの場合、就職と住居の確保とが出所時に同時に必要となる困難をかかえています。これらの場合、子どもたちは最初から不利な条件を負わされていることがはっきりとわかります。

こうした激烈な貧困、だれの目にもわかる貧困とならんで、うっかりすると私たちが見逃してしまう貧困が、いま、子育て中の家庭を襲っています。少し長くなりますが、あるインタビューをご覧ください。

「夫は不動産会社のサラリーマンで、手取りは20万円弱です。近所の同世代の家庭では、これでも給料が多いほうなんですよ。マンションのローンが月7万円で、車のローンと維持費が4万円、光熱費や携帯電話代、保険代、夫のお小遣いを差し引くと、まったく余裕がありません。月に2万円くらいしか貯金できない。これは子どもの将来のためなので、絶対に手をつけないつもり。すると、節約できるのは食費くらいしかないんですよ。子どもが2人いますが、毎月の食費は1万8000円~9000円に抑えています」

（門倉貴史＋賃金クライシス取材班『貧困大国ニッポン』宝島社新書、二〇〇八年）

持ち家があり父親が正規社員で働いているこの家庭を外からみると、貧困とは思いつきませんね。自動車も持っているし貯金もしている、生活保護という言葉を連想させる貧困とはほど遠く感じられるのではないでしょうか。

ところが、話のなかにあるように、親子四人家族で食費が二万円に満たない生活を余儀なくされています。毎日がぎりぎりの暮らしだとわかるでしょう。文字どおり、ワーキング・プアの状態といえます。そういう暮らしで、給食費の数千円がどれほど大きな金額であるかも想像がつくはずです。「払わなくてすむなら払いたくない」と、私ならばきっと考えてしまいます。モンスター・ペアレントへの非難にあるように、自動車はぜいたく、持ち家はぜいたくという声が出るかもしれませんが、車は地域によってはすぐ困る事情があるかもしれませんし、子育て家族が賃貸住宅に住み続けるさまざまな苦労に少しでも思いがおよぶ人なら、持ち家がぜいたくとも言えないはずです。

このように、いままでの「常識」にとらわれたままだと貧困とは映らないたくさんの子育て家庭が、いま、暮らしをたてるのに大変な苦労をするようになっています。先ほどのインタビューでは、「これでも近所では給料のいいほう」とありました。たくさんの子育て家庭が貧困に苦しんでいると述べたのは決して誇張ではありません。格差社会が注目されたきっかけの一つに、東京都足立区での就学援助受給世帯が四割をこえたという報道があります。自治体の姿勢やとりくみ方によって就学援助受給世帯の数が変わりますから、この数が子育て困難な家庭の数だとは即断できませんが、ともあれ、二一世紀に入ってからの五年間に、就学援助受給世帯は全国平均で四割近くの増加率になっています。就学援助を受けている小中学生は、二〇〇四年には百三十万人以上に上り、公立小中学生全体の一二％強になっているのです。給食費や保育料を払わない家庭があると報道され、不届きな家庭だと非難されていますが、払わないのではなく払えない家庭があることをなぜ想像できないのか、私にはとても不思議でなりません。

いったいどのくらいの子育て家庭が貧困な状態におかれているのかについては、ユニセフのよく知られたデータで、一四・三％というものがあります。これでさえ大変な高さですが、近年の貧困問題をくわしく検討している後藤道夫都留文科大学教授は、この数値も過小評価だとしています。ユニセフの推計のもとになっている貧困基準は四人世帯で年収三百十六万円、生活保護の最低生活費（二〇〇五年）に当たるものですが、これには医療費や高校進学費用等々がふくまれていないとして、後藤氏はそれらをカバーする推計を発表しています（「データから読む子育て家庭の貧困拡大」『現代と教育七六号』桐書房、二〇〇八年）。それによると、細かい計算は省きますが、二〇〇五年の場合、四人世帯では年収四百五十万円前後が貧困基準となり、夫婦と子どもからなる子育て家庭の貧困率はおよそ二五％ということです。つまり子育て家庭のおよそ四分の一が貧困という大変な事態がすすんでいることになります

（なお、後藤氏の基準にもとづくと、母子家庭の貧困率はおよそ八割！　という、想像を絶する状態になっています）。

四人世帯で年収四百五十万円という水準は、奇しくも、結婚して家庭生活を営むのにどのくらいの収入が欲しいかと聞かれた若年女性の平均的な回答に一致しています。「このくらいの収入がないと無理だよね」という正確な認識を彼女たちがしっかり持っていることになりますが、では、実際にはどのくらいの収入を若い世代は得ているのでしょうか。

『週刊東洋経済』二〇〇八年一〇月二五日号に、「家族崩壊」という興味深い特集が組まれていますが、そこでの試算では、夫婦がどんな働き方をしていても二十代で四百万円に達することはありません。夫婦とも非正規社員の場合、三十歳代で三百七十四万円と最高になり、それ以降は収入が減ってゆきます。つまり、普通に、まじめに働いても子どもを育てるのはとてもむずかしい状態であることがわかります。子育て家庭の貧困は、私たちが想像するよりもずっと広がっていて、「あたりまえ」の事態になっているのです。そして、そのことを考えるなら、子育て中の親や保護者がぶつかっている困難にもっと目を向ける必要があるでしょうし、親の言動をみて単純に「モンスター」と呼ぶ前に、どんな生活や仕事のなかで「常識外れ」の言動が出てくるのかをリアルにつかまえる必要もあります。

それどころか、「常識外れ」と思える言動が、子育て家庭の現実にてらしてはたして常識外れなのかさえも、もう一度考え直してみるべきだと思います。保育園にも幼稚園にも子どもを預かってもらえず、それでも必死に育てている親がいるのに、保育園にお世話になっていながら、保育料も払わずだらしないと言われれば、そのとおりかもしれません。保育園や学校からの連絡もきちんとつたわらないし、家庭の様子もわからないといった状態では、困難をカバーしようと思ってもうまく協力できない。つい、「もっときちんとしてよ」と言いたくなるのでしょう。

でも、ちょっと待ってください。まわりから非難されぬよう、それこそ必死にならなければ子育てできない環境というのは、おかしいのではないでしょうか。まして生活が困難な家庭、親ほど大変な努力が必要というのは、そうやって子どもに行き届いた環境を用意しにくい条件を考えれば、とてもおかしな話です。

公的な支えも周囲の協力もなく必死に生きている家族がいる。残念ながら、それは事実です。そういう親たちがだれにも頼らず（頼れず）、必死に生きねばならないのはなぜかといえば、少しでも「失敗」すればたちまち、「何とだらしない親だ」と非難されてしまいそうだから。支えと理解がないところでは気を張って弱みをみせずにがんばる必要があるからです。そのがんばりに見習えというのは残酷ではないでしょうか。自分の健康さえ犠牲にしてがんばる姿が基準だと考えるのはまちがいです。できないところがあっていい、適当にしてかまわない、いつもいつも親をしていなくてもいい……そんな受けとめ方や「思いきり」をこそすすめるべきだと思うのですが。

いくら親の責任、家庭の責任を強調してみても、それでもって現在の子育てのむずかしさが解消されるわけではありません。どんなむずかしさが現実にあるのか、おとな社会が考えるべきこと、手を打つべきことは何なのか、具体的に検討してみる必要があります。「親だから……」と自覚を促すばかりで、家族関係の現実を見つめない主張は役に立たぬどころか、有害だとさえ言いたくなります。「こうでなければだめ」というモデルを尺度にして、親や家庭の善し悪しを判定することもまちがいです。子育てはいまどんな困難にぶつかっているのか、さまざまな角度からたしかめること、まずはそこから出発すべきではないでしょうか。

こう考えたとき、安易なモンスター・ペアレント非難におちいるのではなく、子育て家庭に広がっている貧困の具体的な姿をしっかりととらえ、どんな支援がいま必要なのかを社会全体で考えることが求められていると思います。子育て家庭に一番近い場所にいる保育者や教育者は、現在の貧困の具体的なありさまをよくつかむことのできる位置にいるはずです。

その有利なポジションをいかして、「子ども理解」だけでなく、「いまどきの親理解」を深めることが求められていると思います。

「だらしなさ」をどうみるか

親が大変なのはわかる、でも子どもはその大変さの犠牲になっていいのか、という疑問が出てくるかもしれません。「子どもの将来のために貯金は欠かせない」という母親の言葉にあるように、いくら苦しくても子どもにそのツケを負わせてはいけないという感覚は、だれもが持っているようです。それだからこそ、「子どものことを考えたらいい加減には暮らせないはず」という追及は、親の心を奥深くえぐる殺し文句になります。自分でも「親ならあたりまえ」と感じていることができないとき、こう追及されれば返す言葉がなくなるでしょう。「親が子どもをどう扱おうと勝手だ」と開き直るくらいしかない。そしてそういう開き直りが子どもたちにしわよせされる場合も珍しくないと思います。子どもがどうなってもいいわけはありません。余裕がなく子育てがままならない状況が、「だらしなさ」や育児放棄等々の形であらわれるとき、その困難をどんな考え方、やり方で解決するかが大切なのです。

子育てにしてもふだんの暮らしぶりにしても、「だらしない」と言いたくなるのは、普通はこうだというモデルがあるからです。そのモデルに合わないために、もう少し何とかならないかと感じてしまう。モデルが頭にある以上どうしたってそうなるでしょう。朝晩の食事の食べさせ方がいい加減だったり、子どもが部屋中ぐちゃぐちゃにしたのを放っておいたり、気分にまかせた生活時間だったりと、度をすぎた（と思える）「だらしなさ」にぶつかると、そのモデルがむくむくと頭をもたげてきます。子育てであれ暮らし方であれ、これが大事、これを外したらうまくゆかないということがらがあるのは、もちろん当然です。それをなくして好きにさせればよいとは言えません。ただそこで考えてほしいことが一つあります。

私たちがせめてこの程度は必要と考えている子育てや暮らし方がむずかしい家庭があるのは事実です。また、そのときどきの事情で、子育てが「いい加減」にならざるを得ないこともあるでしょう。そうした事態を一直線に家庭、親の「だらしなさ」に結びつけてしまわないで、ということです。

うまくできない困難をどうみるか、どうするかという視線が欠けると、その困難に向きあえない弱さや「甘え」にだけ目がゆくことになります。しかしたとえば、乳幼児を抱え住む場所がない母親が子どもの服装に気を配れないことがだらしないとは、だれも言わないでしょう。とにかく安心して寝られる場所がまず必要だとだれでも考えるはず。あれもこれも足りない状態があることをまず認めなければなりません。そしてそこから出発するなら、とりあえずできることに目を向け、たとえ小さなことがらでも、プラスに感じられる体験を積み上げてゆくこと――つまり、「だらしなさ」の大海原のなかに「これが私のしたこと」と言える小島をつくれるよう支えるのが普通ではないでしょうか。たとえば、コンビニで買ったおにぎりとプリンの夕食に自作のサラダがついていれば、そのサラダが食生活の「小さな島」です。そういう「小さな島」が、子育て家庭のきびしい暮らしのどこに生息しているのかを発見すること――それが注意深い支援の目なのではないかと思います。こちらがひそかに持っているモデルにもとづいて、「まだ足りない」と要求のステップを高くしてゆくのではなく、できることを支えるつきあい方がおたがいに必要なように思うのです。

「本当に暮らしがきびしければしかたがない。けれど、やろうと思えばできるはずなのにしないのがおかしい」という場合は？　こう質問される方がいるかもしれません。同じような環境、生活条件におかれても、「がんばれる人」と「がんばれない人」とが分かれる。だから、親の子育て、暮らし方について、ただ「できることをしておくだけでよい」とすませるわけにはいかない。そう感じられる事例もきっと多々あるように思います。

「いまここであなたは踏んばらなければだめ、がんばれる」と励ますべき状況もあるとは思います。「その点についてはだらしなくしてはだめ」と、妥協せず向きあう関係です。そのことを決して否定はしません。しかしそうした迫り方が、「普通ならがんばれるはずだから」とモデルに頼った要求である場合、要求のステップを高くするやり方に舞い戻ってしまっています。少し想像してみてほしいのですが、たくさんの悩みに追いつめられている（またそう感じてしまう）とき、はたからみて大したことじゃないと思える問題であっても、当の本人はとても大きな障害に感じられることは、ままあります。引きこもっている人にとって電車に乗ることが大変な勇気や決断を必要とする場合があるように、ほんの小さな努力しかいらないとみえる作業、家事……を前に、身も心もすくんでしまうことがあるのです。「こんな簡単なことができないとわかればきっとだらしない親だと思われてしまうだろうな」などと想像すれば、なおさらすくみあがるでしょう。そんな状況を見過ごして「がんばれ」という言葉をかけるのは、いや、言葉をかけずとも、「がんばれオーラ」を発するだけでも、心身がつらい親に一層深いダメージを与えてしまいます。

また、すくんでしまうのとは逆に、どうせだらしないと心の底で思われるにちがいないと確信しているために、周囲の心配などまったく無視して平気でいるようにする場合もあるにちがいありません。「どうせ責められるのだから」と感じ続け、また実際に非難されもしてきた「訓練」の結果、そんなやり方で圧力をかわそうとがんばるのです。この場合もまた、「そんな親ではだめでしょう」と迫ることで、よい結果が生まれるとは思えません。

だらしなくみえるふるまいの背景には、こんなふうに、子育てをめぐる一つひとつの問題を解きほぐしてゆかなければ決してみえない事情が存在しているのだと思います。解きほぐすことでやっと、「ここは踏んばって」と言えるポイントもまた、くっきりとみえてくるのではないでしょうか。

欠かせない公的支援

現在の家庭環境、子育て環境のきびしさをふまえるとき、「あちらこちらに迷惑をかけ、行き届かない子育て」をせざるを得ない現実も認める必要があります。

「認める」とはどういうことでしょうか。

親の責任、家庭の責任を果たしてもらうイメージとして、「頼らせない自立」を考えてはいけない、ということです。いろいろな場面で頼れるものに頼りながら、先に述べた「小さな島」を増やしてゆくイメージが必要だと考えます。依存できる先があることは、とりあえず悪いよりはいいと考えたい。頼る具体的な先が思い浮かべられない場合でもＳＯＳは出せるんだ、というメッセージを社会がもっと強く発したほうがよいとも思います。もちろん、保育園などの施設だけが頼る先ではありません。子育ての困難、しかも緊急の対処を要する問題にとりくめる支援のネットワークが必要です。近年では、次世代育成支援を目的とした子育て家庭の支援事業がはじめられています。行政機関から地域の子育てサークル、地域社会に影響力をもつ団体や集まりなど、それぞれの地域の特性に応じた支援ネットワークをつくることによって、孤立しがちな家庭への支援が図られるのは望ましいことですし、地域単位でのそうした子育て支援の先進的な例をつくり広げることは大きな意義があります。子育ての共同をどのように広げるかは、これまでみてきたように、子育て家庭の困難がかつてない規模で広がっているいま、緊急に必要な課題になっているのです。

ただし、「社会が子育てを支える」というとき、政府や自治体、子育て政策のあり方に目を向けることを忘れてはいけません。少子化が叫ばれ、次世代育成が重要な課題であると政府は言いながら、子育てのための施策、とりわけ財政的な支援は、大変におそまつなのが実態です。それどころか、第Ⅲ章で述べるように、保育分野などの「構造改革」政策によって、子育て家庭の困難は一層すすんでいます。本当に子育てを社会が大切にしようというのであれば、子どもの貧困を解決できる政策が緊急な課題であるにもかかわらず、そういう姿勢は現在の政府からはまるでうかがえません。子どもの貧困について山野良一氏は、他の欧米諸国の場合、税金や所得保障の形で政府が介入することによって、「介入前の貧困率の六〇%程度に介入後の貧困率を押し下げることに成功」していると述べています（『子どもの最貧国・日本』光文社新書、二〇〇八年。とりわけ北欧諸国では、介入によって貧困率は五分の一程度にも激減しています）。「ところが日本では、政府の介入は子どもの貧困率を下げることにほとんど寄与できていないだけでなく、逆に介入によって貧困率が上がっている」と山野氏は言います。つまり、いまの日本で子育てをする家庭には政策による効果的支援がまったくない、ということなのです。だからこそ、子どもの将来のためにそれぞれの家庭で、貯金などさまざまな努力を強いられていることになります。

このひどい状態、子育ての困難を親や家庭の「自己責任」として放置する姿勢が変わらないかぎり、豊かな子育て環境を整えることなどとうていのぞめないでしょう。次世代育成が大切という政府の主張は、政策、予算の裏づけがない飾り文句と言わざるを得ません。また、公立保育所の民営化に代表されるような自治体の保育政策でも、子育て支援にお金をかけようとしない姿勢があからさまです。次世代育成は社会の重要課題とどれだけ強調しようと、実際にそのためにお金をかけないのでは、説得力はないし、効果も期待できません。「社会が子育てを支える」ために当然必要な土台として、財政上の保障をともなう中央政府、自治体の公的支援政策があること――これを確認しておきたいと思います。

そうした公的支援の部分をほおかむりして、「子育ての共同を」と唱えるのは、ですから、考える順序がちがうことになります。子ども、子育て家庭の困難に具体的に対処するためにそれぞれが手助けし、援助のネットワークをつくりだすことはたしかに大切だけれど、そのことで政府、自治体の無策を棚上げしてはいけません。貧困化が激しくすすむなかで、助けを求める人たちにボランティアの支援団体を紹介する行政機関があると言います。それは順序が逆というものです。子育て困難へのとりくみにしても、保育所や保育者に責任をかぶせ、「予算はないけどしっかりやって」と行政が要求するのはおかしいのです。必要に迫られて支援する民間の団体や個人は、行政の無策を補う存在ではありません。むしろ、支援の共同をすすめるなかで、政府や自治体が果たすべき公的支援を要求してゆく――そういう関係でなければなりません。子育ての共同についても、そういう視点が必要だと思います。

「子育ての共同」にいま必要な視点を考える

子育てをめぐるさまざまな運動でも教育運動でも、共同の力がよく謳われます。その場合の共同の中味は、「親と保育者あるいは教師が一緒になって」といったイメージが中心であるように思います。共同という言葉は、望ましい協力関係をあらわすものとして、つねによい意味で使われており、「子育ての共同が必要」と言われ異議をとなえる人はあまりいないと思われます。しかし、共同の中味をよく吟味してみると、ことがらはそんなに簡単ではありません。これまでみてきたような子育てのむずかしさを受けとめ、貧困をはじめさまざまな困難を解決できる共同とはどのようなものか、あらためて考えてみる必要があります。保育運動の視点から子育ての共同がどんな内容をいま持っているかについては本書の最後に述べることにして、ここでは、親、保護者との共同を考えるうえで大切な視点、共同という理念・思想にふくまれていることがらについてふれることにします。

もう一度、モンスターと言われる親の言動を例にとりあげてみましょう。「お金を貸して」と言われた例です（前掲、尾木直樹調査、二〇〇八年）。子どものための費用も払わず金を貸せといきなり言われれば、とまどうにちがいありませんし、金銭の貸し借りを保育所や学校のような公的施設の場に持ちこまれても困るとは思います。そう話す親の事情を察知していても、それは無理ですと返事するしかない――多くの場合そう考えることと思います。しかし、結論はそうであっても、「どう答えるか」の一つ手前で私たちが考えておくべきことがありそうです。

その親はだれにでも「お金を貸して」と言っているでしょうか。あなたが相手だから言ってみた、言えた、ということがあるのではないでしょうか。「敷居が低く話しやすい」「とりつくしまもなく無視される心配がなさそう」……こういった心理が働いて、ちょっと無茶かなと思えることでも話してしまう経験はだれでもあるはずですね。逆に、「何でも相談してください」と言われてもとうてい話す気になれない、最初から拒絶されている感じがする、ということも。同じような相談窓口でも天と地ほど雰囲気がちがう、そういう例はたくさんあります。同じ精神科のクリニックでも、やって来た相談者にゆったりコーヒーを出し、やわらかいBGMの流れるなかで話をする（実際にそうされていたカウンセラーのお話です）のと、いかにも病院という感じの部屋で向かいあって悩みを話してもらうのとでは、話せる中味もちがってしまいそうですね。「何を話せるか」ということには、このように、とても大きな意味があります。たとえ、理不尽だったり、非常識に思えることでも、その話をほかならぬあなたにしたということの意味が重要なのです。

そうとらえるなら、「お金を貸して」「忙しいのでうちの娘を家まで迎えにきて」……といった言動について、「それができる、できない」を言う前に、まずは、「なんでそんなことを私に話したのだろう」と思ってみられるはず。そして、普通なら言いにくいことをつたえる事情や背景を、そのように言う親と共に考えることができれば、どこに問題（親が解決したいと思っていることがら）があるか、わかってくるのではないでしょうか。子育て家庭の暮らしのあちこちにころがっている困難を、親や保護者が「これが問題」と自分たちでつかみとれるよう、そうやって手助けする「場所」に支援者はいなければなりません。「身近な他者」と呼ばれているそうしたポジションに保育所、保育者がいられるようにすることは、子育ての共同をすすめるうえで重要だと思います。「お金を貸して」等々と言われることは、問題がひそんでいながらそれが表に出てこないよりもずっとよいことであり、共同して問題を解決してゆけるための一つの入り口なのです。

どうしたら「身近な他者」でいられるかは、子育ての共同の実現・具体化にとって不可欠な課題です。くり返しになりますが、子育て支援の形式的な「受け皿」があるだけでは共同を実現できません。その「受け皿」がどのような場所なのか、その場でどんなことが話せるのか、だれがどのように親、保護者の思いを受けとめているのか――これらのことこそが問われるのです。なお、ここで述べている「身近」とは、必ずしも「近しい」という意味ではなく、心理的に近く感じられる、つながりやすく感じられるという意味です。「いのちの電話」相談を考えればわかるように、見ず知らずの相手であっても自分の深刻な悩みを打ち明けることがありますね。最近では、ネット上でそうしたつながりを持つこともないわけではありません。自分のこと、家庭のことをよく知っている人だから話しにくいという場合もあるでしょう。「他人」だからこそ話しやすい——そういう「他者」としての距離があることも共同の実現にとって大切な要素です。そう考えれば、「お金貸して」といった、一見場ちがいの訴えが持ちこまれる理由も見当がつきます。と同時に、そんな話ができるのは「身近」だから。これが「身近な他者」の意味なのです。

さて、このように考えてくると、共同という理念の意味には、一人では、一つの家庭では解決できない障害や困難を集団の力で具体的に解決するというだけではない働きのあることがわかります。

とりあえず話を受けとめられるような共同の関係には、何が解決すべき問題かをみんなの目に見えるようにする力があります。つまり、この場合の共同とは、問題を発見し自覚するための「わざ」だ、ということです。モンスター・ペアレントというレッテル貼りのまちがいは、こうした問題発見の道をふさいでしまうところにあり、共同の関係はその逆です。ですから、共同の努力によって、何とかしなくてはいけない問題がはっきりするのであり、子育ての共同は、親と保育者とが仲よくしていればよいというものではありません。子育ての当事者のつながりを通じて、問題を自覚でき共有できることが大切です。

また、共同には、困難を抱えた当事者を孤立させないという働きもあります。これも、ぶつかっている困難を具体的に解決できるかどうかとは別のことがらですが、大事な働きです。社会的引きこもりや非行の悩みをかかえた親たちが集まる親の会では、自分の悩みを話せるだけで楽になることがあります。一人で悩んでだれにも窮状を訴えられない親、家庭にとって、話せる場があることだけで心の重荷が軽くなるのです。そうした支えとしての共同の力を発揮させること、つまり、親、保護者、子育て家庭を孤立させぬよう共同の力を活かすことが求められています。出されたことがらが場ちがいに感じられても、「そんなことをこの場で話しても意味がない」とシャットアウトすることは、共同のこの働きをこわしてしまいます。

子育ての環境も、仕事や生活の環境も激変しているいま、そのなかで生まれる問題を解決することはもちろん、受けとめることだけでも大きな努力がいる時代です。親と保育者の共同によってできることにも、もちろん、かぎりがあるでしょう。子育ての共同が何でも解決できると思うのは幻想です。一人では解決できないことがあるから共同するのですが、そうした共同ではまだ解決できないことがある、というわけです。

しかしこれは、見方をかえれば、共同の努力を通じてどんな力が足りないのか見えてくることでもあります。そしてそのようにして「足りない部分を発見する共同」が、その足りない部分を満たすための共同をすすめる原動力になります。共同の輪を広げるとはそうした意味で、足りない部分を補いあう関係、つまり、それぞれに立場や分野がちがっている者同士のつながり、ネットワーク形成にほかなりません。子育ての共同というと、子育て中の親と保育・子ども支援関係者のつながりと狭くとらえられがちですが、共同の理念をもっと広くとらえる必要があるのではないでしょうか。共同とは、この場合むしろ、「社会をつくる」ととらえるほうがふさわしい、豊かな内容を持っているのだと思います。

共同の働きのいくつかをみてきました。子育ての共同をすすめる出発点には、たがいに話ができる関係（つながり方）があり、問題の解決以前に、話を聞くだけでも意味があります。親や保護者の話を聞くこと、およそ他者の話を「聞くこと」（聞けること）は、じつは高度の文化なしにはできません。子どもたちの話を聞きとる実践を重ねてきた保育者の方たちには、この意味での「聞くこと」の大切さはよく理解できるのではないでしょうか。そのように「聞きとる力」に支えられてはじめて、共同の世界がひらかれてゆくのだと思います。

4 「普通に明るく元気に」を願う親心

「何が起こるかわからない」不安

さて、子育てや暮らしの重い困難が親にのしかかる現実にどう対処するのか考えてきましたが、この章の最後に、特別な困難がとりたててあるようにはみえない家庭、子どもたちについて考えてみます。

わが子について英才教育のような特別な育て方をするつもりもなく、「普通に明るく元気で育ってくれればいい」と思う親がいまの日本社会では大半だと思います。子どものほうも、諸外国とくらべ、「えらくなりたい」などと考える割合はとびぬけて少ない（中国、米国、日本の高校生を対象とした日本青少年研究所によると、日本の高校生は社会的な地位や成功を望まず、のんびり暮らしたいというきわだった傾向を示しています）のですから、家庭教育雑誌などがせき立てるわりには、親も子も、まあ普通にのんびり生きられればいいだろうと感じている様子がうかがえます。

それならば子育てに不安、心配がとくにないかというと、そうはならないようです。勉強などで親が子どもを追いつめた結果起きる家族内での軋轢、事件だけでなく、親にはまるで心当たりがない不幸な殺傷事件、子どもたちのあいだでの残酷ないじめ事件、不登校や引きこもりなどの「問題」がとぎれることなく報じられています。親にまずいことをしたという自覚がない場合でも、子どもたちが大変な問題を起こしたり抱えたりしてしまうかもしれない――そんな不安は、いまや、子をもつ家庭の多くが感じていることではないでしょうか。いまとくに問題を感じていなくても、何が起きるかわからないのが、子育て環境の現実だと言えそうです。

「どうかまともに育って」と願う親の気持ちは、それでは子どもたちの側ではどのように受けとめられているでしょうか。

残念なことに、そんなに深く心配してくれる親の姿をひしひしと感じるならば、親の気持ちを裏切るような問題が起きるはずがない、とは言いきれないのです。たとえば、いじめによって不幸にも自死を選んでしまった子どもたちの多くは、いじめの事実を親につたえていません。親の心配がわかるからこそ、口が裂けても親には言わない子どもたち――やさしいと言うだけではすまない、どこまでも自分のなかに困難を抱えてしまう姿が、そこには浮かび上がってきます。

　親からすると、事件や問題が起きてはじめて子どもがぶつかっていた苦しさ、困難がわかり、「なんで早く私が気づいてあげなかったのか」と嘆き悔やむわけですが、そのように自分を責めてみても、じつはどうにもならないことが多いのです。というのも、第Ⅱ章でふれるように、いまの日本の子どもたちは、本当に苦しいことをまわりに訴えない、知らせない（そうできない）状態におかれているからです。

　最近のユニセフの調査で「世界一孤独な子どもたち」と呼ばれたほど、日本の子どもたちのあいだでは、早い時期から孤独（というより孤立）を感じながら、自分の苦しさを親にも友だちにも言えない状況が広がっています。友だちの場合、親と少しちがって、自分の悩みをストレートに話したりすれば、相手に負担をかけ、引かれてしまうかもしれない、といった理由から、「本音」をぶつけにくくなっています。あと先考えず、場の空気を読まずに自分の思いだけで行動すると痛い目に遭うぞ、と骨身にしみてわかり尽くしているのがいまの子どもたち。なので、つらかった部分があとになって何気なく持ち出され、「え、そんなふうに感じていたの」などとまわりが驚いたりもすることになります。つまり、「あなたのことを心配している」と思うおとなの気持ち、親の思いをそのとおりのものとしてつたえることはできたとしても、「だからあなたがぶつかっているつらさを知らせて」と要求しそれに応えてもらうことは大変にむずかしいのです。

親へのプレッシャーは子どもへ

子どもがどう感じているかわからないからといって、手をこまねいているわけにはゆかない。親ができることをしようと、いろいろ気を回して配慮すればよいのでしょうか。要領を得ない子どもの反応を待っていたのでは何もできない――そう感じる私たちはつい先回りしてそんな配慮の網の目をつくりたくなります。もちろん、おとなは子どもたちにさまざまな配慮をしなければなりません。これはおとながするべき配慮なのだということがらは、「そんなこといい」と子どもに言われても引っ込めるべきではないでしょう。「あなたがいいかどうかではなく、おとなである私がすべきだと考えている配慮なのだ」ということを自覚もし、また子どもたちにはっきりとそのようにつたえることができるならば、です。

しかし、ここで注意したいのは、子どもへの配慮（のつもり）が自分たちの不安をまぎらし気持ちを満足させるだけの結果に終わっていないかという点です。子どもによかれと思ってしていることが本当に必要な、そのときそのときの子どもの実状にふさわしい配慮なのかどうか、私たちはいつも自らに問い返してみなければ、と思います。たとえば生活習慣を身につけてもらうことはたしかに大切だとは思うけれど、親がいつもいつも目尻をつり上げて子どものふるまいをチェックしていたのでは、子どももつらいし親もつらいのではないでしょうか。

「しっかり子どもを見ているぞ」と自分に言い聞かせるようにして行うチェックは、子どもの側からすれば文字どおりの点検。矢継ぎ早にくり出されるそんな点検に子どもが「従順」なのは、ひょっとすると、そうしないと親が困るから協力しているだけなのかもしれません。だから、親の目が離れるときには、「習慣」のはずだったものが一挙にくずれることだってありそうです。

親は子どもを観察して対処しているつもりですが、子どももまた親の動向やふるまいを、ときには親以上に注意深く、観察しています。不思議なことに、おとなの側は子どもたちにそれほどきっちり観察されていると気づいていないのですが、子ども時代をふり返ってみれば、親の態度をどんなに敏感に察していたか思い当たるはずです。そんな具合で、自分たちに余裕がないときほど親は口うるさく点検をはじめるものだということを、子どもたちはたちまちつかんでしまいます。そうなると、子どもに親の言うことを聞かせるのは、きちんとした子育てというよりも、「私はきちんと配慮しているよ」という親の気持ちを満足させる作業という意味合いに変質してゆきます。

パーフェクトな子育てはあり得ない

それでも、余裕がないあまり子どもの「いい加減さ」や「だらしなさ」にばかり目がゆき、口を出してしまうのは、しかたのないことではあります。親の、あるいはおとなの配慮に「波」があることは避けられないだけでなく、むしろ必要なことだとさえ思います。パーフェクトな配慮などというものを子どもに信用させないほうがよいし、何でも完璧に整えてあげなくてはという圧力から親は解放される必要があるからです。子どもに失敗させない完璧な子育てなどあり得ません。一人ひとりがそれぞれに取りかえのきかない人生を歩み、しかも、社会から隔離された無菌室に一人で育つのではない以上、完璧な子育ては存在しないのです。むしろ、そんなことはできないという「あきらめの境地」から出発してはじめて、子育ては可能になると言ったほうがよいくらいです。

実際、自分のことをパーフェクトな親、おとなだとはだれも考えていないでしょうし、大抵の親は、「せめて子どもが取り返しのつかない失敗をしないよう」「できるだけよい環境をつくろう」と願っているだけでしょう。ただ、その「せめてできるだけ」の延長線上には、「至れり尽くせりの指導ができればそれに越したことはない」と感じてしまう落とし穴があります。子どもたちが育つ環境を隅々までおとなの配慮で埋めつくせばよいとは私には思えません。そもそもそんなことはできないのだから、おとなの配慮の枠内に子どもを囲っておけると考えないほうが現実的であるし、ずっと楽だとも思います。

子どもを囲いこめるという幻想をおとながせっせと紡いでしまうと、どういうことになるでしょうか?

実際はおとなたちが抱いている「子どもにはこうあってほしい」という願望を、子どもたち自身が抱いている気持ちであるかのように読みまちがえてゆきます。そしてまずくすると、おとなが読みまちがえた姿に沿うように子どもはふるまうようになります。メディアで大きく報じられる少年事件などで、「素直でおとなしい子」とか「明るくてやさしい子」がどうしてそんなに多いのか不思議に思ったことはありませんか。そのように報じられた特徴は、おとなの読みまちがいに沿ってつくられた「性格」にすぎず、子どもたちの内面とは大きく隔たりがあると言ってよいのです。どれほど隔たっているかを知るためには、たとえばライトノベルと呼ばれる分野で描かれる少年少女たちの気持ち、人間観、家族像などをみるとよくわかります。


「安住君、大丈夫?」

僕は反射的に、

「え?　ああ、だいじょ」

と、言いかけ、愕然とする。

「僕、今」

そうだ。

これは全く同じ。アノ悪夢を見た明け方、銀花に尋ねられて僕は〝だいじょうぶ〟と。

だって、僕は他の人に負担を掛けるなんて絶対、出来なくて。

そんなこと絶対、出来なくて。

だから。

「大丈夫じゃないと思う。それなのに大丈夫って言ってる……」

（有沢まみず『銀色ふわり』電撃文庫、二〇〇八年）

この主人公は、ちっとも大丈夫でないのに、「平気、平気」とみせかけて生きてきました。そうやって生きている少年少女の姿はライトノベルの世界では山のように登場しますが、まちがいなく現実の子どもたちの気持ちを反映していると思います。彼ら、彼女らは心のなかで歯を食いしばって生きているのですが、歯を食いしばっていることに自分自身気がつかないこともしばしばです。もちろん子どもたちは子どもたちで、おとなの配慮の枠を外れる世界を何とかつくりだそうとします。かつての子どもたちが野山に無数の秘密基地をつくろうとしたことと、その点ではちがいはありません。秘密基地がたとえばインターネット上のサイトになることで、子どもがかかわる世界は変化しますが、「外れる」という点では同じです。配慮のタガが外れる余地さえあれば、おとなの知らないところで子どもは息をつくことができます。問題は配慮がきっちりしすぎてタガが外れない場合。あるいは、いつでもタガをはめられるような状態におかれている場合。あなたが子どもならどうしますか。

外れそうな部分、外れた部分をおとなの目から絶対に隠す——まちがいなくそうするはずです。こうあってほしいとおとなが望んでいる線に沿ってふるまうわけですから、子どもの姿の読みまちがいがますます強くなります。最近の若者たちについて、私たちはよく、「何を考えているかわからない」という感想を述べますが、そういう感想が出てくるのは、「何を考えているかわからせないようにする」子どもたちの「努力」が功を奏した結果と言えるでしょう。

子どもたちのこうした心情にぶつかったとき、「子どもをそんなふうに育てたつもりはない」「親の思いどおりにしようと強制した覚えはないのに」と驚く方が大半だと思います。子どもが萎縮したり苦しんではかわいそうだから、なるべくそうならない環境をつくろうとがんばってきたつもりなのに、親の態度がまちがっていたと非難されているように感じるかもしれません。あたかも、「子どものためにしてきたあなたの努力はまちがっていたんですよ」と宣告されるように、です。いったい自分の子育てのどこがまちがっていたのか——たとえば思春期を迎えたわが子の非行に直面した親は、そんなふうに自分を責め、問いつめることがありますし、他人から面と向かって「子育てをまちがえましたね」と言われることもあるでしょう。

でも、そういう問いつめ方こそまちがっています。「私がもっとしっかり気を配って育てていれば」という「反省」は、結局のところ、「パーフェクトな親であれ」という罠にふたたびはまってしまうことになります。親が支えられるのは子どもの人生の一部にすぎないこと——この点を肝に銘じたうえで何ができるかを考えられればいいのだと私は思います。

子どもたちは家族というかぎられた範囲をこえた社会のなかで育ちます。社会のすべてを家庭のコントロールの下におくことなどできません。とくに日本の子どもたちはごく早い時期から、世界でもっともすすんだ消費文化のなかに全身を浸して育ってゆきます。ケータイの使い方一つとってみても、親の知らない、点検の届きにくい世界が広がっているとわかります。そこで、子どもたちが育つそうした文化環境、その特徴はどんなところにあるのか、第Ⅱ章で考えてゆくことにしましょう。

第Ⅱ章

思春期を見守るおとなの立ち位置

消費文化を生きる子どもたち

1 消費文化デビュー

街の本屋さんをのぞくと……

中高校生の下校するころ、駅前の本屋さんをちょっとのぞいてみると、雑誌の棚に群がる子どもたちの姿を見ることができるでしょう。雑誌の多くはファッション系。音楽雑誌やテレビガイド誌を立ち読みする子ももちろんいます。街の本屋さんは身近な社交の場。子どもたちが手に取る雑誌には彼女ら彼らの興味を寄せる対象がきらびやかにつまっているのです。たとえば、『ニコラ』や『Hanachu』『ピチレモン』といった雑誌を開けてみてください。「え！　これが中学生？」と思わず声に出したくなるおしゃれな中学生（小学生）少女たち――それもいまどきの雑誌では、モデルをつとめるのは「素人」の、しかし有名になった少女たち、憧れの的です――のファッションが満載されているはず。これらの雑誌に載っているブランド品をねだられた親の方ならご存じでしょうが、びっくりする値段です。

そんな服を着てみたい、小物が欲しいという子どもたちにおとなは眉をひそめます。何て贅沢な、と。もっとも、最近は、親娘でおそろいのマニキュア姿だって保育園時代から見かけるくらいですから、すべてのおとなが眉をひそめているとはかぎりません。年配のおとなは、そういう親がそもそもおかしいのだと、さらに追い打ちをかけるかもしれませんが、おとなたちの嘆きをよそに現実はすすむ一方です。

否応ない環境としての消費文化

街の本屋さんの見慣れた光景からかいま見えるのは、消費文化という存在の大きな影響力ではないでしょうか。現代の日本社会で、子どもたちの暮らしや行動に及ぼす消費文化の力は絶大です。欲しいと思うもの、身に着けたいと思うもの、知りたいと夢中になるもの……いずれもその大半は消費文化の世界が提供するものなのです。ものごころつくときから、たとえば「美少女戦士セーラームーン」の世界に親しみ、小学校高学年ともなればおとなたちの知らないファッション情報やらアイドル事情やらにすっかり通じている。十代後半にはもう、おとなの知らない文化を全身で呼吸し過ごすようになっています。

つまり、子どもたちはいま、消費文化の世界を基本環境として育つ、といってよいでしょう。ちょうど思春期を迎える年ごろから、消費文化の提供品にどっぷり浸かる暮らしが否応なしにはじまります。私はこれを消費文化デビューと呼んでいます。したがって、思春期に入ることは消費文化の世界で「しっかり」生きられるようにすることを意味しているのです。「否応なしに」そうなるというのは、おとなたちには理解しにくいかもしれません。でも、消費文化をめぐる親の文句と子どもの言い分との対立を思い浮かべてみてください。親が用意した服装にたいし「そんな格好で出かけたら笑われてしまう」と反発し、友だちづきあいへの親の注文に「そんなこと言ったらハブにされる」などと子どもが抵抗するときのことを。友だちに見られても大丈夫な格好にも、友だち同士の関係で踏み外してはまずい「ルール」にも、消費文化の力がしっかり反映されています。同じ文化を生きる友だちの間での「お約束」は決して無視できません。「自分は関係ない」と思っても、消費文化からまったく外れて過ごすことはむずかしい。「否応なしに」とはそういうことなのです。

変わる成長の姿

思春期の生活が消費文化に浸されるということは、やたらにモノを欲しがるとか流行を追うといった行動の変化を意味するだけではありません。マニキュアをして外出する女子中学生は普通、男女を問わずお肌の手入れは思春期になれば当然の身だしなみ……といった「外面」は、そういう少年少女たちのつきあい方、交友関係と切り離せません。カレシやカノジョについての話題はごく早い時期からはじまり、いるのが当然、探すのがあたりまえ。マンガであれゲームであれ音楽であれ、消費文化のあらゆるジャンルが、そんな感覚を広く育んでゆきます。

感覚だけでなく現実の行動も変化しています。高校生の性体験率が都市部で五割に近づいていること（ただし、理由はまだはっきりしていませんが、二〇〇二年をピークに、高校生の性体験率は低下傾向に反転しています）、「恋愛」関係のはじまりもまた低年齢化していることなどです。

また、第3節などで取り上げる情報環境の変化によって、見知らぬだれかと出会うチャンスも信じられぬほど広がっています。中学生の息子が三十代の主婦の方とチャットをしているらしいと心配する発言に接したことがありますが、そんなに珍しい例ではありません。バーチャル世界をふくめるなら、子どもたちの行動圏はいま飛躍的に広がっています。

こうして、消費文化の威力は子どもたちの成長の中味にまで及び、思春期の形を変化させています。常識として私たちが抱いてきた思春期のイメージがいま通用しにくくなっているのです。「子どもだからきっとこうだろう」という思いこみはいとも簡単に裏切られてしまいます。佐世保の小学生殺人事件（二〇〇四年）に世間は衝撃を受けましたが、自分のホームページを持ち小説を書いていたりする小学生は特別異様な存在ではありません。街の本屋さんの、かなりのスペースを占めるライトノベル——むかしは少女小説などと呼ばれていました——を小学生が読みこなすのは充分に可能です。同じように、一昨年（二〇〇七年）大ブレイクしたケータイ小説の書き手は小中学生にまで広がっています。週末になるとせっせと小説を書き、「魔法のｉランド」に投稿する少女たちは「あたりまえ」の存在だと言ってよいのです。

「無知」なおとなであることを自覚しよう

「子どもがわからない」という前に、ともかく、いま目の前にいる彼らの姿を、ふるまいを受けとめてみましょう。「変だ」とか「おかしい」という決めつけは禁物です。「反抗期がいっさいなかったから大丈夫かしら」などと心配するには及びません。反抗期をみせない少年少女たちが「おかしい」のではなく、成長の「普通」が変化したのです。ローティーン少女たちがみせる早熟そのもののふるまいにも、はたちをすぎた若者たちの「幼稚な」言動にも、成長のすじみちの変化という同じ根っこがひそんでいます。早熟だ、幼稚だと文句をつけてみても、変化を生み出している原因に迫ることはできません。消費文化を「しっかり」生きることが成長に欠かせない要素となってしまったいま、そんな成長過程を身をもって体験するしかない子どもたちの目線に立って、彼女ら彼らをとりまく文化環境をつかみ理解する必要があります。

とは言いながら、それはおとなにとってそんなに簡単な作業ではなさそうです。消費文化の申し子である若者たちの知識とくらべ、私たちが持っている知識の何と貧弱なことか。学生たちと話していて、相手がだれだって当然知っているだろうと思いこんでいることをこちらが知らず、恥ずかしくなることはしばしばです。「そんなことも知らないの！」という雰囲気がひしひしとつたわるあのやるせない感じは、きっと、子どもたちがおとなの得意ジャンルで叱られるときの感覚に近いのではないでしょうか。開き直るつもりではないけれど、「こっちは無知なのだからあなたが教えて」と言うしか手がありません。

でも、案外それは、消費文化を基本環境とした生き方に接近する大事なやり方なのでは、と考えたりもします。知らないことがあっても教わる謙虚さがあれば生きてゆけるんだよ、という生きたモデルになれそうな気がするからです。自分が優位を保てる場面ではないところで子どもたちとつきあえる力をおとながもつのは悪いことではない——そう感じます。

誤解のないようつけ加えると、子どもが生きている消費文化をまるごと認めるべきだとか肯定すべきだというのではありません。子どもたちが育っている環境をまずきちんと見つめよう、受けとめよう、と言いたいのです。

遠ざかる子どもを見つめられる場所に

ライトノベルの世界へ、自室にこもってネットの世界へ、好きな音楽がいつもイヤホンから流れる世界へ、今月の「メゾピアノ」（ナルミヤのローティーン向けのファッションブランド名）は、などとブランドチェックに余念がない世界へ、「NARUTO」（『週刊少年ジャンプ』連載の人気マンガ。中高生ファンのなかには女子が多くふくまれている。パロディも数多い）にはまる世界へ、親の注意も上の空でメール・チェックの世界へ……。

数え上げればきりがないこれらのふるまいは、子どもたちが思春期へと入りこんでゆくありふれた姿、全国津々浦々で日々くり広げられているにちがいない光景です。ありふれているけれど、親にしてみればつい昨日まで子どもだと思っていたわが子が、自分の知らない、しかも黙って放っておいてよいのか不安にもなる文化へと遠ざかってゆく事態でもあります。

一度路上で歌ってみたいという中学生につき添って、九州から神奈川までやって来た親御さんのことを聞いた覚えがあります。得体の知れない世界へ飛び出されたらどうしようという気持ちが痛いほどつたわるエピソードです。

とはいえ、子どもたちが全身で生きる消費文化世界の内側で、親が最後まで伴走し続けることなどとうてい無理でしょう。遠ざかってゆく子どもの後ろ姿を見つめる場所に、いつかは親も落ち着かざるを得ないのです。「しっかり生きてよ」と願いながら。

黙って見守れというのとはちがいます。思春期に遠ざかってゆく子どもを見つめられる親の位置とは、子どもたちから見ても「ああ、親はそこにいる」とたしかめられるような場所です。「あなたが好きなこと、していることの全部をわかることはできないけれど、そんなふうに生きているあなたの姿は見ているつもり」という気持ちがつたわる場所。知らない世界で苦闘する子どものしんどさを、解決はできなくても、「大丈夫、私はその大変さを見ているから」と言ってあげられる場所。そんな場所に、親が、おとながいられることこそ大切なのだと思います。消費文化を理解するとは、このように、おとな自身が自分たちの占めるべき場所を探り当てるための作業なのだと思います。

「苦闘する子ども」と書きましたが、今日の消費文化環境、情報環境のなかで生きることは、私たちが想像するよりもずっとむずかしいことなのです。苦しさの性質も表現も昔とちがっていますが、苦しいことには変わりありません。しかも、どこがどのように苦しいのかをつたわるように表現することもまた、思春期の少年少女たちにとっては至難のわざ。明るく元気に過ごしているかに映る子どもたちの日常文化にも、その底には、深い生きづらさがひそんでいます。子どもたちのおそらくだれもが感じている生きづらさをきちんと受けとめ理解するために、次節以降では、彼らが日々経験している文化環境、情報環境や友だち関係について、具体的なトピックを取り上げながら考えてゆきたいと思います。

2 「自分らしさ」を選ぶ——消費文化の中の自己表現

コスプレは楽しい

「コスプレしたときは普段とぜんぜんちがいます。ふだんはすっごくおとなしいのに、イベント会場でコスプレすると人が変わったようになります。

コスプレしているときのほうが本当の自分だと思う。ふだんの自分は仮面をかぶっているような感じ。イベント行ってコスプレしているときのほうが自分らしい」

これはある中学生の言葉です。毎日元気に学校へ通っている中学生の一人だと考えてもらってけっこうです。「でも、コスプレなんて特別なのでは」と感じてしまうおとなはきっといるにちがいありません。「メイドさん」ブームとやらで、いい若い者（男）が夢中になっているさまがつたえられる昨今では、わが子がいきなりメイド姿になりでもしたなら、不安に思うのも無理ないところです。

自分がなってみたい格好をすることは、しかし、特殊な嗜好ではないし、まして異様な行動だなどと決めつけられることがらではないでしょう。男の子のコスプレがなぜ少ない（ようにみえる）のかは深い理由がありそうですが――どうですか、読者の方も考えてみてください――コスプレ自体はいまや、気軽に楽しめる変身あそびになっています。ネット上のサイトなどで、あるキャラクターになりきってふるまう人を「なりきり」と呼びますが、こちらもずいぶんとさかんになっているようです。ゲームの世界でキャラを選んで遊ぶことも、ちょっと「高尚」ですが、TRPG（テーブルトーク・ロールプレイングゲーム。数人が集まりゲームマスターの運営により選択したキャラを演じてすすめてゆくゲーム。人気作品『ロードス島戦記』水野良、はTRPGが小説化されたもの）で仮想キャラとして行動することも、広くはそうした変身あそびにふくまれます。変身できると楽しい――その気持ちはおとなにも想像できるはずです。子ども時代を考えれば、マント代わりにふろしきをまとった月光仮面（古いですね）だったり、カラータイマーを抱えたウルトラマンだったりしたことがあるはずなのですから。

コスプレしているときが本当の自分？

それはそうかもしれませんが、先に紹介した言葉で、「コスプレしたときのほうが自分らしい」とあるのは気にかかります。だとするとコスプレは変身とはちがうのではないか、「ふだんの自分」のほうが仮面をかぶっているというのだから、そちらが変身した状態で、逆になっています。コスプレはあそびどころではなく、「本当の自分」を取り戻すための大事な手段というわけです。おとなたちの「たかがあそび」というまなざしと、コスプレに「興じる」当人の感じ方とのあいだには、大きなギャップがあります。コスプレであれ、「なりきり」であれ、変身のふるまいは「自分らしさ」を周囲に示す、それぞれに思いを凝らした自己表現の営みなのです。では、変装でもしないことには自分を自由に素直に外に出せない特別な理由、状況があるのでしょうか？

先ほどの中学生の発言からは、そうした様子はうかがえません。気軽な遊びとしてコスプレが広まっていることを思えば、ふだんの人格を変えなければ生きてゆけないせっぱつまった事情があるようにはみえません。それなのに変身した姿こそが本来の自分だと感じる、そのわけが知りたくなります。

今度はまた別の中学生の発言を聞いてみましょう。

「なりきりチャットっていうのは『はがれん』のキャラクターになりきっていろんな人と話をする。ふだんの自分だったら言えないことをそのキャラクターにかぶせて言える」

「はがれん」とは『鋼の錬金術師』（スクウェア・エニックス）という人気マンガで、娘が夢中という親の方はご存じでしょう。そこに出てくるキャラを演じることで、普通なら言いにくいことも言える、というわけです。なるほど。それなら、自分のふだん表に出せない面を出せ、まといがいのあるキャラを探したくなるというもの。友だちもよくわかるキャラの仮面を通じて自分を表現しようというわざが、「なりきり」だったり、コスプレだったりするのです。しかしそうであるとすれば、キャラの仮面をつけていない「素」の自分のときにはストレートにものが言いにくい、ということにもなりそうです。つまり、自分を表現することがそんなに簡単ではなさそうだ、という事情が浮かび上がってきます。

グッズで選べる自分らしさ

コスプレといわず、前に述べたローティーン向けファッションはもちろん、思春期の子どもたちが身に着けるさまざまなグッズ、ケータイの着メロ……要するにいま身のまわりにあふれている山のような商品もまた、「私はこんな人」と外部に知らせる大切な手がかりです。体育会系、裏原系、電波系などと、性格、ファッション等々がタイプ別に分類され、外から見てどんなタイプなのかを一目でわからせ、かつ序列をつけてしまう文化のなかで、少年少女たちが、身にまとう「装着品」「仮面」の選択に真剣なのは当然のこと。「好きなものを選ぶ」作業は、「こういうものが好きなわたし」の姿を露出することでもあるから、「自分らしさ」を演出してくれるグッズの選択に熱が入るのです。「序列がつけられる」という点に注意してください。「天然」と呼ばれるのはいいけれど、「不思議ちゃん」と思われたら困るな、「同人誌系」だとは絶対に気づかれないようにしておこう……といったふうに、その人がどんな特徴をもつ「系」に属しているかは、人間としての価値の上下につなげられています。趣味は人それぞれ、といかないことがこわいところなのです。

「そもそも〈自分らしさ〉ができあいのグッズで表現できるはずないじゃないか」などと言わないでください。「キャラにかぶせて自分が出せる」という関係をもう一度思い出してもらえば、自分を示す装着品がいかに重要か理解できるはずです。そして、できあいと言うけれど、さまざまなキャラをつたえるいわば自己表現グッズはそれこそ膨大にあります。たとえば、ハローキティと聞いただけで大半の人がすぐさま特定のイメージを思い浮かべることでしょう。ハローキティのキャラクター商品が六千種類、関連商品は五万と言いますから、キティグッズで身のまわりすべてをうずめることもできるくらい。そんな膨大なグッズの何を選びどう組み合わせるかによって、「ああこんな人」と判断されるのは自然です。「好きなもの選び」が「自分らしさ選び」と深く結びついていること、そして選ぶ対象が、ほとんどの場合、消費文化の提供する商品群であること、このことを確認しておきたいと思います。言い方を変えると、それは、消費文化がおたがいの性格を理解し承認する共通の土台となっていることを意味します。

できあいの個性化を強要する文化

「自分らしさ」を選ぶ作業は、要するに好きなものを選ぶのだから簡単にみえますが、はたしてそんなに簡単な作業でしょうか。

どうもそうではなさそうだ、と感じます。たしかに好きなものに夢中な少年少女のふるまいからは、大変とか苦しそうといった印象を受けません。それはじつは、「同じものが好き」と言いあえる友だちがいるからで、そういう友だち関係の重要さについては次節に述べてゆきます。ここでは、「自分らしさ」を消費文化のグッズから選ぶ、という新たな文化経験からどうしても生まれてしまうプレッシャーについて述べることにします。

ハローキティを身に着けた瞬間に抱かれてしまう印象のことを述べました。さまざまなキャラのタイプにくわしい人なら、髪型を見て「あ、サーファー」などとわかってしまいます。若い世代がそういうタイプにくわしいのはもちろんです。そしてそうなると、自分らしさを選びに選び抜こうと、ただ何となくふるまおうと、自分の立ち居ふるまいはみな「選んだ結果」としてつたわり、判断されます。選び方がまずいと、「あの子はちょっと、ね」と引かれてしまうし、どんなキャラを発信させるのか気を張っていなければいけません。前に述べたように、趣味にもグッズにも暗黙のうちに序列がついているのですから、神経を張りつめるのがあたりまえというもの。「そんなにいちいち気にしたくない」とふるまっても、そういう態度自体が、やはりその人の「選んだ」スタイルとして認知され評価されるのです。

先の中学生のように、自分から選んで自己表現の手段にキャラを使える場合にはよいかもしれませんが、そのつもりも自覚もないのに、「その人らしさ」＝「個性」を細かくチェックされる状況は決して楽ではないと想像できます。何でも自由に選べるようにみえる消費文化の世界は、こうして、小学生時代から、「あなたはどんな個性の持ち主なの？」とつねに見つめられ問いつめられる成長環境をつくりだしているのです。小さいときから個性、個性と言われ苦しかった、とある若者が述懐していましたが、無理もありません。「オンリーワン」の個性を学校も学校外の文化も、そして親も求め続けるのは残酷ですらあります。そんな成長のしかたについて、イギリスのある研究者は、「できあいの（デフォルト）個人化」と呼んでいます。一人ひとり、いつでもどこでも「個性」がチェックされモニターされる社会はつらい——そう思わざるを得ません。

本当のわたしを「見て」と「見ないで」と

「個性」をきめ細かくチェックする文化は自己表現の形を変えるだけでなく、「自分らしさ」を一つのキャラクターとして操作する力も育ててゆきます。「キャラを立てる」とか、「キャラがかぶる（重なる）」といった言い方にあらわれているように、これまでの成長観では内面の特質と考えられてきた人格性のかなりの部分が、いわば「かぶりもの」のように受けとめられ扱われます。「あなたと私はキャラがかぶっているから明日からキャラ変えてよ」といった具合にです。一面では便利でしょう。昨日の自分のことなんかふり捨てて、今日からは思いっきり明るくおちゃめ系のキャラでゆくぞ、などと変身できそうだからです。

でも、そんなプラス志向の自分らしさ選びについてゆけない子どもたちだって必ずいるのです。ついてゆく気がなくても、「あなたはどんなキャラ？」と見つめられる状況は同じですからそっぽを向くわけにもゆきません。それなりの仮面、たとえば、無口で変人だけど食玩（子ども向けおもちゃの付録玩具。海洋堂の食玩が代表的で、これを収集するマニアは数多い。「アキバ」には食玩専門店もあるという）にはくわしい、といったイメージをまわりに受け入れさせて、とりあえずは「個性」を確保しておく、といったように。

こうなると、自分らしさをあらわす手段であったキャラ選択が、同時に、周囲に納得してもらえる仮面をつけることで「本当の自分らしさ」を隠す手段にもなっていることがわかります。何だか難儀でややこしい事態ですね。自分を外に出すことと隠すことが一緒にやられているのですから。「本当のわたしを見て」と「本当のわたしを見ないで」という願いが少年少女たちのかぶるさまざまな仮面、色とりどりのファッションや拡散する一方の趣味、嗜好の世界にはひそんでいます。おとながそのメッセージを受けとるのはとてもむずかしいことですが、彼らがその時々に示す目新しく異様に見えるふるまいのなかに、自分らしさを選ばされるしんどい作業がふくまれていることを想像してほしいと思います。

3 新しい情報環境のなかの子どもたち

子どもたちから絵文字のついたメールを受けとった経験のある方はきっと読者のなかにもおられると思います。若者たちがケータイボタンを「マッハ打ち（ものすごい速さで打つこと）」する光景もすっかりおなじみのものになりました。小学校高学年の子どもたちがインターネットの世界にアクセスすることは、いまではちっとも珍しくありません。NTTドコモのｉモード発売以降、この六、七年間のあいだに思春期の少年少女たちを取り囲む情報環境はおそろしい勢いで変化しており、しかもその変化は都市部だけでなく日本全国に広がっています。

そこで、青少年にとっていまでは欠くことのできないコミュニケーション手段となったケータイやインターネットについて考えてみることにしましょう。

驚くほどに広がるコミュニケーション機会

新しく生まれた情報ツールを少年少女たちはどのくらい使っているのか？　まず量的なデータをたしかめておきます。

だれでも使っているのは、言うまでもなくケータイです。高校生では九割以上、ほぼ全員です。中学生でも半数をこえ、小学生も三割に達しています（以上は、内閣府「情報化社会と青少年に関する意識調査」二〇〇七年七月発表のデータですが、各種の調査が同様の結果を示しています）。とくに中学生への普及は急激で、都市部では七割近くという調査（横浜市思春期問題連絡会による生活実態調査、二〇〇八年三月）もあるくらいですから、中学生になれば、ケータイはみんなが持っていると感じられるはずです。自分のケータイを持ちたいという「ケータイデビュー」の要求は、私の観測では、中学入学時へと移りかけているようにみえます。

そのケータイを使ってのべつまくなしにメールのやりとりをしている、というのがおとなからみる高校生の印象ですが、実際にどのくらいのやりとりをしているのでしょうか？

十代男子について、『10代のぜんぶ』（中村泰子・原田曜平、ポプラ社）が報告している結果では、平均一日に三十通といいます。もっとも数が多い例は何と二百通です。内閣府「第五回 情報化社会と青少年に関する意識調査」（二〇〇七年）の結果をみると、ケータイの利用時間が中学生女子でざっと八十分、高校生男子九十分、同女子が百二十分強となっています。電話で友だちとおしゃべりする時間は、以前から女子高校生の場合男子よりも長く、相当のものでしたから、メールについても同じことが想像できます。メールのやりとりは電話よりもずっと手軽で、授業中だろうと何だろうとできてしまうところに特徴があります。

パソコンの使用経験はケータイよりも少ないのですが、二〇〇八年に行われたベネッセの調査では興味深いデータが示されています。パソコンは調査家庭の八割に普及し、半分くらいの子どもが使用しているのですが、その使用頻度は小学生（四年生以上）から高校生まであまり変わらないのです。週に三、四日または五日以上使うというヘビーユーザーに近い層が小学生でも二割、中学生が高校生よりも多く、三割と報告されています。ネットの世界を経験し、そこで「生きる」ことはローティーンのときにはじまるだけでなく、むしろより大きな比重を占めているのです。実生活上での交流範囲が狭くかぎられているからこそ、そんな予想外の逆転現象が起きているのでしょうか。

もう一つ見落としてはならないのはネットゲームを通じてのコミュニケーションです。百万人をこえる参加者がいる「リネージュ」や「ＦＦＸＩ」のようなネットゲームは、たんにゲームを楽しむだけでなく、ゲーム内でさまざまな人間関係を結び、コミュニケーションをとることができます。そうしたバーチャルな世界で友だちを見つけることも珍しくなくなっていきます。

情報ツールの多様な使い道

この便利な情報ツールが友だち関係を支える欠かせない手段であるのはもちろんですが、それ以外にもさまざまな使い道があります。

たとえば携帯できる辞書であり百科事典としての役割。学校で授業中に質問すると、教師の知らない事実までですらすら書いてきたりする。必要な情報のあるサイトにケータイでアクセスできれば簡単です。知らない場所に出かける場合や終電の時刻を知りたいというとき、ケータイでさっさとたしかめるのは若い世代では常識ですね。要するに人の記憶機能を「外づけ」にしたようなもの、ということができます。そうなると、何かを覚えることより、いざというとき必要な情報だけを取り出し、あとは捨てる（忘れる）ことのほうが大事になります。

ケータイやパソコンからチケットを買う、といった機能もいまではごく普通に行われています。ネットオークションでものを売ったり買ったりしている若者たちは膨大です。TSU

TAYAに目当てのCDがあるかどうか確認して予約しておくといった作業はケータイでさっさとできてしまうのです。

現実の商取引が、仮想サイトでの手続きを通じてこんなふうにだれでも気軽にできるようになる結果、現実世界とバーチャル世界の新しい関係（交錯）が生まれてきます。ネットゲーム内の街での掘り出し物（レアアイテム）が現実世界のお金で取り引きされるといった関係です。現実の世界とバーチャルな世界とが交錯しているのですから、バーチャルといっても、現実とは無縁だということにはなりません。ネット上で脅されたり、いじめに遭ったりという経験は、「バーチャルだから大丈夫」というわけにはゆきませんね。小学生が殺人予告のメールを出してさわぎになる、というような事態も生じています。身に覚えのない料金請求がメールで送られてくるといった例もよくある話です。巧妙につくられた偽ホームページを使ってのID番号盗みとりなど、ネット上での詐欺テクニックは進化を遂げる一方です。そしてそうした新しい犯罪に遭う最大の被害者は子どもたちです。

このように、思春期の子どもたちにとっては「ないと不便」な必需品がケータイですが、おとなには危険な道具にみえます。ケータイ、ネットのどこが子どもたちに魅力的なのか、どんな新しさがあるのか、そしてどのような危険があるのか、親も保育者、教育者もよく知っておく必要があると思います。この二、三年のあいだに、ケータイは、友だち同士でやりとりをする道具というだけでなく、驚くほどたくさんの機能をそなえた万能の玉手箱のような存在になりました。しかもそうした機能は、思春期の入り口に達した子どもならすぐに使いこなせるようになっています。ケータイが子どもの世界にどんな変化をもたらしたのか、その実態をたしかめないまま、持たせる、持たせないだけを議論するのはあまり意味がないと思います。ケータイの普及によって生まれている子どもたちへの被害を防ぐためにも、ケータイ文化の理解が不可欠なのです。

未知との出会いが広がるバーチャル世界

ケータイやネットにまつわる危険といえば、真っ先に「出会い系サイト」や、いわゆる「学校裏サイト」（この言葉は正確ではありません。非公式サイトや勝手サイトと呼んだほうが適切で、「裏サイト」と聞いただけで「危ないもの」というイメージを持ってしまうのはやや早計です。部活の仲間がつくっているサイトや同窓生のネット上の集まりも「裏サイト」と呼ぶと、後ろ暗いことだけをそこでしているかのように想像されてしまいます。そうした集まりの世界で匿名のいじめが起きたりすることは事実ですが、「裏サイト」だからそのサイトが即非行のたまり場と考えるのはまちがいです）を思い浮かべる方が多いのではないでしょうか。「ネットいじめ」など、インターネットをめぐるトラブルが次々と報道されることで、ネットは危険という印象が強まっています。実際、中学校では、ケータイを使った脅しや、プロフ等をめぐるトラブルなどの対応に追われる状況も生まれています。情報があっという間に広がり、問題が学校内では収まらないことも、ネットをめぐるトラブルの新しい特徴です。

おとなたちの不安が広がっていることを背景に、最近では、ケータイ、ネット規制の議論がさかんに行われるようになりました。横浜市教育委員会、大阪府教育委員会など、自治体単位で学校へのケータイ持ち込み禁止を打ち出すところも出はじめています。そもそも、ケータイを使ったコミュニケーションが人間関係を希薄にしてしまうという議論もよく聞かれます。ケータイ、ネットの普及をこのまま放っておいていいのだろうか、という気持ちは多くの親が共有しているのではないでしょうか。

とはいえ、規制さえすればそれで問題は解決、というわけにはゆきません。フィルタリングのような規制にどれだけ効果があるかについても検討が必要です。出会い系サイトを規制する法律（「インターネット異性紹介事業を利用して児童を誘引する行為の規制等に関する法律」という、長たらしい名前がついています）が施行されたからといって、ネットを介した売買春がなくなるわけでもありません。規制の是非や方法についての議論、検討は大切ですが、ケータイを子どもに持たせないほうがよいかどうか、その結論を急ぐ前に、ここではケータイ、ネット文化が子どもたちに「出会いの魅力」を広げている点をみてゆきます。

ケータイやインターネットは私たちの生活圏をはるかに超えて未知の人々との出会いを可能にします。国境さえ気軽に越えておしゃべりができるような事態はわずか十数年前でも想像できないことでした。それがいまでは高校生にも中学生にも不思議でない「現実」になったのです。有名人のホームページにアクセスすれば肉声で日々のことがらが語られていたりします。逆に、自分がブログ日記を綴ると、それをだれかが読み、コメントを寄せてくれるかもしれません。中学生のあいだで広がるプロフもまた、自分のことを未知のだれかに確実につたえることの手段です。

世界がそんな形で開かれてゆく楽しさ、快感は、ケータイという新しい情報ツールを手にすることではじめて可能になったといえます。そんな「未知との遭遇」には、もちろん危険もともないますが、それでも実生活の行動範囲ではとうてい実現することのできない出会いを求めて、バーチャルな世界を歩き回る若者たちは決してなくならないでしょう。「私といると楽しいと思ってくれるだれかと出会える」魅力を考えれば、それは当然のことではないでしょうか。

自分を知ってほしいという願い

出会いの範囲が広がるということは、身のまわりの人間関係で寂しい思いをしていても、ネットの世界を探せば自分がほっとできたり、趣味が同じだったりする仲間がほとんど必ず見つかる、ということもふくんでいます。現実世界では家から一歩も出られなくても、同じ思いをしているだれかがいて、探せばそういう集まりがある（中学時代に家に引きこもっていたある少年が実際にそう話されたことがあります）。趣味の合わない学校友だちとむりやり話をしなくても、同じ趣味のファンサイトで楽しく過ごせる。どんなに変わった趣味だろうと、広い々々ネット世界には同好の士がいるものです。自殺したい「仲間」だって集まりをもてしまうのがネット世界。ブログやプロフは、自分のことを知ってほしい、「絡んでほしい」と望む子どもたちにとって、すばらしく便利にできています。中学生のあいだでプロフがあっという間に広がったのは、自分のことを知ってほしいという要求がいかに強いかを示しています。世界一孤独な子どもたちだからこそ、自分をつたえたいという願いもそれだけ強いのだと思います。

中高校生に人気のあるケータイ小説をみても、自分のことを知らせたいという気持ちに応える「しかけ」のあることがわかります。進行中の小説にメールを書ける、自分の書いている小説にメールが来る……そういう交流のなかで、一人ではないという実感を得られるのですから。

「そんな交流は所詮バーチャルな世界でのこと」というおとなの非難は正しくありません。ケータイという道具を使って何とか自分のことをつたえよう、気持ちを受けとろう、という努力がケータイ文化に特有の「受けつたえ」法を育てています。手紙を書くのにも「心のこめ方」があるようにです。「所詮バーチャル」ではすまされないコミュニケーションだからこそ、さまざまな問題も生じているのです。やや誇張して言えば、ネットの世界での人間関係と現実の人間関係とにちがいはありません。いじめであれ、ストーカーであれ、脅迫であれ、現実の人間関係で起きることはネット上でも起きるということです。「自分を知ってほしい」という切実な願いが、その子どもの情報を不特定多数にさらし、それが悪用される危険も生じます。知識の不十分な小中学生が被害に遭う危険は、この年齢層でケータイが急激に普及しているいま、とくに注意すべきことだと言えます。ケータイを持つということは、悪いことばかりとは言えませんが、親の立場からすれば、子どもが被害に遭うことがまず心配だし、逆に加害者になっても困ると感じるでしょう。

どう被害を防ぐかについて、最近では新聞紙上でもしばしば話題にされ、有益な本も出はじめていますが、「親がしっかり対策をとろう」という呼びかけでは足りないように思います。なぜなら、急激に広がったケータイ文化に、私たちおとなが追いついていないのが現状だからです。信頼できる相談・対応機関に子どももおとなもすぐにアクセスできるしくみが必要です。

ケータイメールが組織する友だちの輪

最後に、新しい情報手段を使うことで友だち関係がどのように変わるのかを考えてみましょう。思春期の少年少女たちにとって一番大きなケータイ使用法は、やはり何といっても友だちとのコミュニケーションなのですから。

ある調査によると、東京の女子高校生の場合、ケータイのメモリに入っているアドレスが百件以上の者は六割を越えます（『「ウチラ」と「オソロ」の時代』中村泰子、講談社文庫）。大半が同世代の友だちですから、メールをチェックして四六時中ケータイのモニターを眺めている姿も無理はないなと感じます。おしゃべりの延長でいつでもどこでも連絡をとれるのがケータイメールの威力で、そんなつきあい方があたりまえになってゆくと、家庭生活の内と外の区別もこれまでとはちがってしまうかもしれません。家で夕飯を食べながら友だちとメールでおしゃべりということになれば、「どこで暮らしているのか」がちょっとあいまいになってきますね。これまで実生活のなかで、すみ分けが「自然に」あったコミュニケーション秩序がくずれてゆくのです。それ自体がよい、悪いではなく、そんな変化がすすんでいることに注意したいと思います。

メールでつながる「友だちの輪」は、ちゃんと輪になっているかどうかたしかめるには、せっせと交信が必要になります。用事のあるなしにかかわらず、「輪」の点検・補修は不可欠。先ほどみたアドレス件数を考えると、点検・補修も大変だということがわかります。やってきたメールには「即レス」が原則、でないと、なんで返信が遅れたのか理由を説明しなければいけないし、無視して冷たいやつだと思われては大変です。返事をしないなんて、だからもってのほか。文末に絵文字をつけるのは、これも当然の配慮だそうです。文章だけだと冷たい感じがするので、そう受けとられないよう気を遣うわけです。

こうみてくると、新しい情報環境を生きる若者たちは大変な「配慮の人」であることがわかります。若者は社会性がないなどと言って非難するおとながいますが、私たちにはまねできそうにない気遣いをめぐらして、情報ツールをあやつっているのが現代日本の若者たちなのです。意外に大変な気遣いを示しながら生きているんだな、と少しは感じていただけると思うのですが、その大変さの中味、とりわけ友だち関係の意外な「しんどさ」について、次にもう少しくわしくみてゆくことにします。

4
友だちづきあいは楽じゃない

友だち百人があたりまえの時代

思春期の子どもたちにとって関心の的といえばやはり友だちのこと。ＮＨＫ放送文化研究所の調査（二〇〇三年）でも、関心あることのトップは友だちづきあいとなっています。友だち同士でせっせと連絡を取りあう道具としてケータイが大活躍していることは前節でみたとおり。友だちなしではやってゆけないのが若者たちの日常生活と言えるでしょう。

しかも、その友だちの人数と言えば、数十人が普通。十代男子の平均友だち人数がざっと五十七人というデータもあります（『10代のぜんぶ』中村泰子・原田曜平、ポプラ社）。「友だち百人できるかな」という歌は夢ではなく現実になりました。日本子ども社会学会の調査によると、見知らぬ友だちと遊ぶ機会が小学生のあいだでずいぶん多いことがわかります。学級や学校の枠を越えて、たくさんの友だちと活発につきあう子どもの姿が浮かび上がってきますね。

そんな子どもたちの様子をみると、「ああ、やっぱりいまの子どもたちだって人のつながりを求めているのだ」と安心できそうに思えます。どこで知り合い、どんなふうにつきあっているかわからないという不安があるとはいえ、友だちがたくさんいる様子は、友だちの話がわが子からほとんど出てこない場合よりも安心できるのではないでしょうか。一人ぽつんと孤立してはかわいそう、仲のよい友だちがいてほしい、と願うのは当然なのですから。

大人数の友だちづきあいがあたりまえになった少年少女たちの人間関係は、そう考えると、親の期待に沿うものと言えるかもしれません。でも、友だちづきあいの具体的なありさまはどのようになっているのか、昔よりもはるかに増えた友人とどうやってうまくつきあっているのか……そうしたことがらは、必ずしもおとなには見えていません。友だちについて親が聞いても口が重いというのは、思春期の少年少女に共通する特徴と言えますから、なおさら友だちづきあいの実態や機微等々、わからないことが多いのです。そこで、現代日本の若者たちにとって友だちとはどんな存在で、友だちづきあいの文化にはどんな特徴があるのか、思春期の友人関係に焦点を当てて検討してゆきたいと思います。

たがいに負担をかけないというルール

まず、ある中学生の言葉を紹介します。

「親友は十人くらい。たくさんつくっておけば安心」

「クラスの中ではマンガの話をするグループと、芸能人の話をするグループ、音楽の話をするとか、いろいろ分かれている。ほかのグループの子とはほとんど話をしない」

「あれっ、なんだか様子がちがうな」と感じませんか？「友だち百人」でわいわいにぎやかに、というイメージとはずれているようですね。同じ学級にいても、話が通じないどころかそもそも話をしないような関係があるらしいこと、友だち（親友）づくりに励むのは安心感を得るためらしいこと――昔の友人関係にだってそうした要素はあったにせよ、友だちという存在の果たしている役割が少しちがっているような気がします。どこがちがってきているのか、もう少し踏みこんで考えてみましょう。

「安心」という言葉が一つのヒントになりそうです。なぜ安心かと言えば、親友がたくさんいれば自分が困ったときに助けてもらえると考えるからだろう――私たちおとなはそう推測します。その推測がまったくまちがいというわけではないけれど、「助けてもらう」というイメージは現実の友だちづきあいとはちがっているようです。なぜなら、友人関係を保つうえで必要不可欠な配慮として少年少女たちに強く意識されているのは、「おたがいに負担をかけあわない」つきあい方だからです。なので、「助けてもらう」とはすなわち負担をかけることだから、いわば「ルール」に反するふるまい。さらに、「助けてもらえる」と期待することがもう、相手に心理的に負担をかけていることになります。頼らなければいけないようなシチュエーションはあらかじめ避けておくほうが無難。しかしそうなると、本当に自分が苦しいとき、苦しいことほど友だちにそれが言えない、というハメに陥ってしまいます。「ひとり苦しさを自分のなかにのみこんで過ごす」子どもたちの姿がライトノベルやアニメの世界にひんぱんに登場するのが肯けるというものです。

親友だったらそういう負担をかけあうのが当然で、だから親友なのじゃないか、と私たちは考えますが、「親友」だからこそ「余計な心配」をかけない気遣いが必要だと、逆に感じられているらしい。おたがいに負担をかけないという「気遣いのルール」がある以上、そうならざるを得ないのです。

友だちづきあいのコツは「等距離外交」

こうした気遣いのルールが強い力を発揮する友人関係については、かなり以前から各分野の研究者たちが指摘してきました。「相手も傷つけたくないし、自分も傷つきたくない……傷つくのはこわい」と先ほどの中学生も語っていますが、相手に負担をかけてしまうような関係にまで踏みこまない「やさしさ」が、とても大切に感じられているみたいです。前節で述べた友人からのメールに「即レス」が必要なのも、そういう気遣いのルールが働いているためと考えられます。

こうみてくると、たとえば友情という言葉に私たちがこめているような友人関係の姿は、いまの少年少女たちにとって想像しにくいものであることがわかります。困難や苦しみをぶつけあい、たがいに「熱く語る」といったシチュエーションは、つくりもののようにしか感じられない。「暑苦しい」とか「濃い関係」などと呼ばれる、濃密でたがいの距離が近い友人関係で「煮詰まって」しまうのは、双方とも身動きがとれなくなる可能性があるので注意（警戒）が必要。あとで苦しくならぬようつきあいはほどほどに、という距離感覚が要求されます。比喩的に言えば、友だちづきあいのコツは、だれにでもにこにこ明るく「等距離中立」で、ということになるでしょう。学級のなかでもそれは同じ。「クラス仲間」だから友人関係の密度が濃いと考えてはいけないのです。むしろ、「クラスの友だち」が、私たちの理解している意味での友だちなのか、たしかめたほうがよいくらいです。もっとも、同じクラスで一年も過ごしているのに名前すらほとんど呼んでもらえない状態はさらにピンチです。そうならぬよう「工作」するのが、つまりは友だちづきあいの一つの大きな意味と言えそうです。

さてしかし、ここが肝心なことですが、現代の若者たちは冷たいとか、助けあう気持ちがない、と即断することはできません。友だち同士で支えあう関係への期待や要求はもちろん存在しています。ただ、相手が負担に思うほどには踏みこまず、押しつけがましくせず、さりげなく支えるわざが要求される、ということなのです。その辺の呼吸というか感覚を理解するのがむずかしい。若い世代の作者が書いているライトノベルの世界には、微妙な支えあい感覚をよくつたえているものがたくさんあります。

「僕に何が出来る？」

「……答える前に、私も一つ聞いていい？」

僕も頷いた。

「何で、急にそんなこと聞こうと思ったの？」

「…さぁ。よく分からない」

本当に、よく分からない。何で僕はトモエに『何が出来る？』なんて聞いたんだろう。そんなこと聞くまでもないのに。

「……実を言うとね。僕は誰かに質問すること自体が稀なんだよ。誰かに興味を持つことがないんだ……いや、僕は僕自身にさえ興味がなかった。けど、それが普通だと思っていた。僕は壊れた人間なのだから、誰かや何かに興味を持ったって無駄だって思ってた。少なくともつい最近までは」

「今は違うの？」

「遺憾なことにね。…」


（翅田大介『カッティング～Case of Tomoe～』ＨＪ文庫、二〇〇七年）

ここに描かれているのは、一方で「壊れた人間」の姿であると同時に、生きているかぎりどうしても抱いてしまう他者とのつながり、支えあいの感情です。壊れた関係の描き方のほうにおとなはショックを受けてしまいがちですが、支えあう関係への願いが同時に存在することもぜひ読みとってほしいと思います。

空気を読む

「さりげなく、押しつけがましくなく」つきあう呼吸を身に着けることは、子どもたちにとって簡単ではありません。友だち同士でおしゃべりするごくごく日常的なつきあいの場面でも、「その場の空気を読む」ことが絶対に必要です。空気が読めない人間、場ちがいの発言をしてもそのこと自体に気づかない人間は嫌われてしまいます。「あ、まわりが引いてるな」と感じたら、すぐさまフォローできるようでなくてはだめ、もちろん、ただ黙ってその場をやり過ごすだけではフォローになりません。

友だちづきあいの世界で子どもたちは早い時期からそうした「呼吸」を学んでゆきます。ベネッセ「子どもの生活実態調査」（二〇〇四年）では、「友だちと話が合わないと不安」と感じ、「仲間はずれにされないよう話を合わせる」と答えた小学四年生がほぼ半数に上ります。そしてその比率は中学生、高校生よりも高いのです。小学校中学年から友だちづきあいのなかに存在しているルールを読みとり、そこから外れぬよう苦労している様子が浮かび上がってきますね。

ただし、ルールと言っても、多数決のような、公式の、表にみえる「決まり」として意識できるものではありません。だれかがこうしろと命じるわけでもなく、自分が「ルール違反」しているなとわかるのは、まわりが「引いているな」と感じとれる場合だけです。そこが厄介なところで、何だかわからないのに嫌われてしまうとか、毎日楽しくつきあっていると本人が思っていても神経が疲れる、といった状態がしばしば生じます。まるでおとな社会の堅苦しい人間関係みたいですが、そういうつきあい文化のなかにいると自覚する前に、とにかく友だち関係を通じてそんな文化を生きなければいけない現代の子どもたちは大変だな、と思わざるを得ません。

安心できる居場所が欲しい

さて、ようやく、「親友をたくさんつくっておけば安心」という発言の底にひそむ思い、願いにたどり着いたようです。具体的に助け、助けてもらうというつながりよりも、おたがいに空気を読みあう関係のなかで、孤立せず、「友だちだよね」と確認し承認してもらえる存在が友だち。つまり、友だちとは、自分が安心してその場にいられるためのセキュリティ・ネットのようなものと想像していただければいいでしょうか。「大丈夫、あなたも友だちだよ」と、OKサインを出してくれる存在です。たくさんの友だちという土台があってはじめて自分がその場にいられる。友だちという存在は「地面」のようなものですから、その地面がしっかりしていなくて、穴が大きいと奈落の底に落ちてしまいます。友だちがいることは、だから、自分が生きているその場所に「いられる」ために不可欠です。

そしてそう考えるなら、おたがいに趣味が同じ（感じ方が同じ）だということをわかっている者同士が集まることの意味も理解できるでしょう。学級の中であれ、ネット上での集まりであれ、「趣味（好きなこと）」が同じと最初からわかっていれば、空気を読む努力は少なくてすみます。だれがどんな「趣味」を持っているかわからない場で神経をつかうよりも、ずっと気楽に過ごせることは確実です。そんな安心できる場を求めて無理矢理、「趣味が同じ」という世界をつくりだそうとしている——若者たちのふるまいをみると、そんなふうにも感じられてきます。

すでに述べたことですが、自分と同じ好みを持った友だちをさがそうと思えば、現在は、まずまちがいなく見つけることができます。身のまわりには友だちはいないけれど、私の感じ方（思い）をわかってくれるはずという世界をほとんどの場合に発見できるのです。そしてそうなれば、自分の思いをわかってくれない相手とは話す気もしないのは理解できることです。安心して自分の感じていることをつたえる場が欲しいという気持ちが、「趣味」のちがう相手には話す気にもなれないし、おたがいに話もしないという結果につながっていること、つまり孤立する危険にますます過敏にさせていること――これは悩ましい矛盾です。一人で食事することが予想される場合、最初から生協の食堂には行かないと答える大学生が多い――そんな調査がどこかに紹介されていました。一人で食べるのが寂しいのではなく、「あいつは食事のとき独りぼっちで友だちもいないやつなんだ」と周囲に判断されてしまうことがまずいのでしょう。若者たちのコミュニケーションのそんなむずかしさに気づいていただければと思います。

5 居場所がない生きづらさ

伝説の折り鶴オフ

広島平和公園の折り鶴が焼かれる事件がかつてあったことを覚えていますか?

このとき全国から折り鶴が広島に送られてきたのですが、「2ちゃんねる」(一日に数百万人のアクセスがある巨大なインターネットサイト。板と呼ばれるジャンル・主題に分かれ、ありとあらゆるトピックスについて、若年層を中心に意見・情報の「交流」が行われている)に集う「ねらー」(2ちゃんねるにはまっている人をそう呼びます)たちの「折り鶴オフ」と呼ばれる活動は、いまでは、オフ会にまつわるはるかむかしの伝説となっています。佐賀バスジャック事件(二〇〇〇年)を起こした少年がアクセスしたことで反響を呼び、無責任なメディアとして取りざたされる「2ちゃんねる」ですが、「しない善よりする偽善」という名言を生んだ「折り鶴オフ」では、サイト上で呼びかけられた「ねらー」が各地で集まって鶴を折り、その折り鶴は「鉄オタ」と呼ばれる鉄道マニアの若者たちによって駅から駅へ引き継がれ、広島に届けられたのです。

「折り鶴オフ」にかぎりませんが、ネットでの呼びかけに応えて、こうした集まりに行くかどうかはもちろん自由。実際に参加した若者の話を聞いたことがありますが、サイトで指定された場所に行き、黙々と鶴を折って、時間が来ると帰った、ということです。たがいに名前を知らなくても一向にかまわないし、話をする必要もありません。することも時間も目的もあらかじめわかっており、感想があればまた「2ちゃんねる」上でつたえればよいのです。

こういう集まり方から感じられるのは、各人の自由度（逃げ道）を確保しておこうとする工夫や配慮がいかに強いかという点です。集まって一緒に何かをすることのむずかしさ、緊張感もつたわってきます。その場にうまく合わせてふるまわないと危険だという、前節で述べた友だちづきあいのむずかしさが、集団行動の場面ではとくに強烈にあらわれるのです。この節では、不幸にしてそんな危険に正面からぶつかってしまった場合のことを考えてみましょう。

「ちがう」と言えない苦しさ

クラTと呼ばれるクラスおそろいのTシャツづくりを経験したことのある高校生はかなりいると思います。お金もかかるから嫌、そうやっておそろいで何かするのは嫌、強制されたくない……そう感じる人たちもきっといるはず。では気軽に嫌と言えるか、ということこれが大変にむずかしい。どんなにはっきりと自分の考え方があり理由があっても、それを表明するのがむずかしいのです。友だちづきあいが安全網づくりであることを思い出してください。みんなが努力して安全網をこわさぬようふるまっているのに、「自分勝手に」(実際はそうでなくても、そう判断されてしまいます)嫌だと言うなんて、と非難の目を向けられます。そんな危険を犯してまで反対するより、みんなと同じノリで行動したほうがずっと楽なのはまちがいありません。

でも、嫌なものは嫌と自分の意思を表に出さずにはいられない人は必ずいるでしょう。とても勇気あるふるまいです。

そのくらいの意思表明を勇気あるふるまいと言うのは大げさだと思われるかもしれません。しかし、そのように自分の思いを素直に出すことは、友だちづきあいの世界がつくっている安全網への重大な脅威、挑戦に映ります。信念を述べ譲らぬだけの強さがあれば、むりやり従わせることはできないでしょう。ただ、脅威だと周囲からみなされればされるほど、無視され排除される危険性が増します。いじめとわかるようなシカト（無視）でなくても、「うちらとはちがう」というバリアがしっかり張られてしまうのです。それは、面と向かって非難・攻撃されるよりも、場合によっては、もっとつらい状況ということができます。

クラTをつくるな、なんて言っているわけではもちろんありません。「自分はちがう」と、気軽に、自由に言うことの途方もないむずかしさ、ちがいを出しあうことが危険と感じられてしまう雰囲気をぜひ想像していただきたいのです。

いたるところにひそむ孤立の危険

周囲に「あなたはうちらとちがう」とバリアを張られ孤立する機会と手段とは、子どもたちが育つ文化環境の中に豊富に存在しています。個体化が徹底してすすんだ生活だからこそ、こまめに連絡をとりあうケータイなどのコミュニケーション・ツールが普及してきたのですが、そのことはまた、コミュニケーション・ツールを使って孤立状態が簡単につくれることでもあるのです。たとえば、着メロで相手がわかるしくみを使えば、気にくわない相手からのメールは着メロが鳴ったとたんゴミ箱に入れてしまうことができます。いっせいにそういうやり方で無視されつくすのは大変に辛いはず。そこまで露骨でなくても、ケータイを持っていない子には最初から連絡しないくらいのことは、あたりまえに感じられるでしょう。「持っていないのだからしょうがないでしょ」とごく普通に感じてしまう可能性は大いにあります。連絡されず無視される人間にとって、そういう状況がどれだけ苦しいことなのか想像しにくい。つまり、きちんと自覚することなく他者を傷つけられる文化を少年少女たちは生きている、ということになります。

さらに厄介なのは、「しまった地雷を踏んでしまった」と本人が気がつく理由やきっかけがないのに、バリアが張られ孤立する場合のあること。仲間外れにされるきっかけも理由もさまざまで、「暗いから」という場合もあれば、「明るくて元気だから」という場合だってあります。たがいに接近しすぎる「濃い」関係が危険と感じられるのも、そうして考えると少し理解できるのではないでしょうか。こうすれば孤立しないとあらかじめわかるマニュアルなど存在しません。また逆に、だれかをいじめようと計画していないのに、簡単にだれかを孤立させてしまう事態が起きるのです。

さらに、最近では、同じクラスのなか、友だち関係にも上下の差があり、一種の身分制のような状態が生じていることもつたえられています。私が友だち階層制と呼んでいるそうした上下関係は、たとえば、イケ面、明るい、部活のリーダー等々のさまざまな要素を加味した一人ひとりの「価値」が判定されてつくられているようです。「ショボイ」友だちと一緒にみられると自分も「ショボイ」一員に放りこまれてしまう、そうなると「地位」の逆転はむずかしい……といった固定した価値の序列がつくられているというのです。「勝ち組」「負け組」といういやな言葉を思い出させる情けない現象です。そういう「優劣判定」にさらされる子どもたちの気持ちを考えると、やるせない思いに駆られますね。そしてそんな状況があるからこそ、何も考える必要はない、ただそこにだまっているだけでよい居場所がどんなに求められているかも、わかるのではないでしょうか（友だち階層制の姿を生きいきと描いた小説に、木堂椎『12人の悩める中学生』角川文庫、二〇〇七年、があります）。

明るく元気にみせる「訓練」

友だちづきあいをせっせと続けているのに、ぽんとその友だちの輪から放り出されてしまう不運な可能性もいつも抱えている、それが友だちづきあいの中にあるしんどさ、困難です。では、実際そんな目に遭ってしまったらどうするのか。孤立状態におかれた子どもたちは、どんなふうにそのしんどさ、困難に対処しているのでしょうか。

「おかしい、ひどい」と怒り、そういう状況をつくっている周囲にたいし解決を要求するのが大変に困難なのはおわかりいただけるでしょう。その態度がますます「ジコチュー」として排除を強めてしまうからです。「平気、平気」と自分がめげていない様子を周囲に見せること、見せ続けることが、多くの場合、現実の姿のように思われます。そうしたふるまいを私は、「何があっても平気でいられる心」と呼んできました。外部社会からのきびしい圧迫を自分の側の努力で遮断するやり方です。おとなの眼には、そうしたふるまいはしばしば、「何を考えているかわからない」とか、「とくに問題も感じられない普通の子」などと映るのですが、実際にはそれは、周囲に自分は大丈夫とみせておく本当にきびしい「訓練」のたまものにほかなりません。「訓練」とは比喩で、本人がそうしようと望んだわけではなく、孤立状況を生き抜くための内面的文化をそうやって築く以外にないのです。

また、自分の存在を、まわりの人間からは、まるで壁紙と同じように意識されず見過ごしてもらえる位置におく「訓練」も出現します。いるかいないかわからない状態にしておけば、少なくとも排除の標的になる危険からは逃れられるからです。自分の将来の夢を「完璧な化石になりたい」と表現した子どもがいますが、だれからも圧迫を受けずにすむ世界への憧れが、そこからは痛いほどつたわってきます。

苦しさの底にある願いとは

もちろん、「何があっても平気」と思える努力をいくら積んでも苦しさが消えるわけではありません。人間が一人で生きられる存在ではない以上、周囲からまったく無視され排除され続ける経験は、死に等しい苦しみを与えます。平気でいられるようにと努力すればするほど、苦しさは自分の内面に奥深くくい込んでゆきます。痛ましいという以外表現しようのないそんな状況に、ひょっとすると自分も入りこんでしまうかもしれないという不安は、現代日本社会を生きる子どもたちの多くが抱えている感情だと言えます。

だからこそ安心していられる場所がほしい、とだれだって願うことでしょう。九〇年代以降の少女小説の世界では「超能力」を持つ多くのヒロイン、ヒーローが描かれていますが、その超能力の中味は、つまるところ、「他者に思いをつたえることのできる力」だと言うことができます。強い思いをもつことで自分をわかってほしい相手に思いがつたわる、という関係です。直接話さなくても、行動しなくても、強い思いが相手を動かすというパターンには、現実のコミュニケーションのむずかしさがよく反映されています。

こちらは実際の話ですが、なりきりチャットで遊ぶ少女が、「ふだんの自分だったら言えないことをキャラクターにかぶせて言える」と述べている例でも、同じような状況を推測できそうです。生の自分を表に出して話すことで、「相手も傷つけたくないし、自分も傷つきたくない」という感情の底には、安心して一緒にいられるつながりが欲しいという深い願いが感じられます。お気に入りのアイドルやバンドのファンクラブで活動したり、同じ趣味の仲間をインターネットのサイトでさがすのもそうした願いのあらわれです。仮想世界で「別の自分」になって安心できる関係を見つけることもまた。そして、日々自殺のしかたを相談する自殺サイトに集まることでさえも。

こうみてくると、思春期の少年少女たちが、おとなから見て危ういしかたで仲間づきあいを広げる姿の中には、安心して生きたい、居場所が欲しいという無視できない要求のあることがわかります。理不尽に傷つけられず、いまこのままの自分でいても「大丈夫」と認められ自分でもそう確信できる——そういうつきあい方、そういう世界が欲しいという要求です。私たちおとなは、子どもたちがそうした安心できる世界を自分たちで築けるようどんな支え方、援助をすればよいのでしょうか。おとなたちこそがそれを真剣に考える必要があると感じます。

6 「生きている実感」は薄れているか?

集団自殺とインターネット

ことがらの性質上メディアでも大々的には報じられませんが、二〇〇三年はインターネット自殺が連鎖反応を起こした年でした。日々自殺方法や自殺決行の相談を続けるサイトの存在は以前から知られており、青酸カリが自殺の手段として扱われたために広く世間の耳目を集めたいわゆるドクターキリコ事件（一九九八年）でも、ネット上での自殺志願者の「交流」がすでに十年以上前に明るみに出されてはいました。そうした「前史」を経て、ネットを介しての集団自殺が「定着」しはじめたのが二〇〇三年のことです。ネット利用の実状からして、当事者のほとんどが三十代をふくむ若年層に集中していますから、その意味では、インターネット自殺は、いまのところ、若い世代に特有の現象と言うことができるでしょう。

厄介なことに、死にたい青少年、自殺志願者がネット上で日々交流することを妨げる手段はありません。激しい自傷の記録をウェブサイトの日記で公開し共感を得た末に自死を遂げた少女の例（南条あや『卒業式まで死にません』新潮文庫、二〇〇四年。ただし、死の原因は長年のリストカット等による心臓衰弱とされています）もふくめ、現代日本の青少年がそんなやり方で死に接近してゆくさまをみると、まわりで見ていながら、知っていながら事態の進行をとめられない居心地の悪さ、いらだたしさにおとなは襲われます。二〇〇三年に大阪府河内長野市で起きた両親殺傷事件でも加害者の自殺願望が報じられましたが、その「真意」は不可解とされたままです。要するに、若者たちの日々の生、生きているという感覚と「死」への願望や死の選択とをつないでいる回路、感情のみちすじのようなものが皆目見えないために、いとも簡単に死を選んでいるように、私たちおとなの眼には映っているのです。そしてそれだけ、生きている充実感を感じられないでいるのではないか、とも断定したくなります。

こうして、生も死もそんなに軽いものではない、その重みを若い世代にむりやりにでも体験させたい、という強い「誘惑」におとなはしばしば駆られることになります。子どもたちの身体に生きている実感を刻みこめるような訓練、体験が必要だという強い要求、極端な場合には、「不健康」で「軟弱」な若者の精神を徹底的に鍛え直せ、といった主張までがなされることになるのです。

では、現在の日本の青少年にとって、死の選択は簡単で、生きている実感はそんなに薄弱なのでしょうか。もしそうだとすれば、なぜそのような状況が生まれているのでしょうか。これらの点をたしかめないまま訓練や体験だけを強調するのであれば、それはやはり生き方の強要にすぎず、実感のない生を形をかえて再生産するだけではないでしょうか。

まず確認しておきたいのは、ネット上で自殺願望を交流させることがつねに集団自殺へと人を近づけるとはかぎらないことです。逆に自殺の決行を遅らせたり思いとどまらせる場合もないわけではありません。また、ネットの世界には、「死にたい人間は死ねば」と肩をおす働きだけでなく、「死ぬのはちょっと待って」と声をかける働きも存在しています。そういう働きがなければ、以前から存在してきた自殺サイトが媒介する集団死はもっと増えていたにちがいありません。

軽々しく自殺を話題にするようなサイトの存在自体が問題だ、規制しろという主張がありますが、それは一面的だと私は感じています。九〇年代に出版され、少年少女に大きな影響を与えた『完全自殺マニュアル』（鶴見済、太田出版）にたいする非難と同様に、そうした主張の核心にあるのは、要するに、「死の誘惑に駆られるような危ない場所に子どもたちを近づけてはいけない」という判断でしょう。わが子が自殺サイトを覗いているのを知った親が不安に思い、そう感じることはたしかに当然だとは思います。

ただ、そこで注意しておきたいのは、とりわけ思春期以降の少年少女たちにとって、そうしたいわば「死の危険からの隔離」策がはたして現実に有効なのか、という点です。自殺念慮のある者に必要な対処をすること（医療の課題であり、緊急の対応として）とそういう隔離策とは次元がちがいます。いくら死をめぐる話題から子どもたちを遠ざけようとしても、その配慮が生と死の現実の関係から乖離しているならば、隔離という方法は決して有効ではないはずです。日々の生活からそれほど離れていないところに死の問題があること——それが「生と死の現実の関係」なのです。思春期を迎えた少年少女たちは、当然そのことを感じとっており、「死にたい」と思った経験を大抵の少年少女たちがもっていることは、これをよく反映しています。そもそもおとなが隔離策を講じようと思うのも、「死にたい」という願望の実現を妨げる現実のバーが低いからではないでしょうか。

こう考えると、「死がこんなに近いところにある」と実感させる文化にはリアルな基盤があることになります。それを見るな、近づくなと言うだけの隔離策は、子どもたちにとっては、「嘘っぽい」ものにしかみえないのでは。ちょっと「実行力」があれば自分にだってできてしまえそうな「生の放棄＝死への接近」のリアリティをよく承知したうえで、なお、生きること、生きている自分を肯定できることが肝心なはずなのに、それではかえって逆効果だと言えるでしょう。生きている自分の肯定は本人にしかできません。ある人の生――たとえわが子であっても――の手ざわりを他者が「教える」ことはできないのです。各人が自分自身の感じ方、受けとめ方で自分の生を肯定する以外に方法はない、ということです。

ただ、さまざまな生の手ざわりを豊かに組みこんだ文化をもつことができないとあきらめる必要はないでしょう。少年少女たちが自分たちの生をもう一度自覚的につかみなおす過程、条件をていねいに見つめること、そのうえで、この過程を支え、条件を整える可能性をもった文化のありようを探ることが大切だと思います。

「ちゃんと生きている」ことをたしかめたい

「生をつかみなおす」と言うのは簡単ですが、それがたやすい仕事でないことはもちろんです。「たやすくない」というのは、おとなたちが想像できるすじみちでこの仕事が果たせるとはかぎらないこともふくんでのこと。途中でつまずいたけれど、自分なりの生活や生き方を発見できたからもう大丈夫といった、おとなの眼からも見やすい「つかみなおし」のモデルがだれにでも通用するとはかぎりません。生きていることをたしかめようとする少年少女たちの多様な試みは、それと気づかれにくく、逆に自分たちの生を気軽にもてあそんでいるようにさえ、外からは見えるかもしれません。

たとえば、将来の夢を聞かれ、「完璧な化石になりたい」と回答してみせた子ども——前に述べた例ですが、同じような回答例は決して珍しくありません——は、生きていることを棄てたいと望んでいるのでしょうか。

逆のようにも想像できると思います。おとなの世代がだれも経験したことのない濃密な情報環境のなかで、こまめにうなずき、笑い、感情をやりとりする生活では、ひょっとすると自分自身の感情ですら、相手のために自在に使用できなくてはいけない「道具」になっているのかもしれません。メールが来れば即返事しておかないとまずいといった実際の様子から、そう想像するのは決して見当ちがいとは言えないでしょう。自分の感覚であるはずなのに、その自分の感覚さえもしんどいと感じ、そこから自分を引き離したいと思う。感情を捨てようとすること、喜怒哀楽を決して感じないようにすることは、たしかに、現実に生きている自分の「生」の部分を殺そうとする努力にはちがいありません。けれどもそれは同時に、自分を内側から見失わせてしまいそうな感情の働きを変えたい、という人間的な欲求の発露かもしれないのです。

また逆の事例で、『僕たちは絶望の中にいる』（村岡清子、講談社）に出てくる「バイト魔」について考えてみます。お金がそんなに必要というわけでなくても、空いた時間をすべてバイトのスケジュールでうめておかないと落ち着かない高校生の例です（ただし、格差社会がすすんだ最近では、高校生のバイトは生活のためという実態が増えています。アルバイト経験にも格差があるのです）。

「バイト魔」のみならず、カレシ、カノジョをつねに確保しておかないと安心できないといったようなふるまい方もまた同様でしょう。さらに例を広げれば、写メールでこまめにせっせと「思い出づくり」に励むたくさんの少女たちの行動にも、同様の特徴がみられるように思います。つまり、時間のすき間、感情のすき間をくまなくふさいで、「毎日が充実しているってこういうことなんだよね」という証拠づくりを、一生懸命自分に向かって行っている姿です。

「明るい」「何の屈託もない」「元気印」などと形容される少年少女たちのふるまいには、このように、「これで自分の人生は充実しているはずなんだ」と自らに言い聞かせるせっぱつまった努力の要素があると思えてなりません。もちろん、「せっぱつまった」自覚が本人にあるのではないし、明るく元気に自己を「装っている」のでもないのです。自分への説得力がくずれたとたん、明るいままに死を選んでしまえるように見えるのは多分そのためなのです。

自分がそうやって過ごしている日々は嘘だと早くから感じ、いわば「死の近くにいる」感じ方をみがくことで自分の日常をつくろうとする少年少女たちもいます。周囲からもおとなからも違和感をもたれ、引かれてしまうために、その状況に応対することのむずかしさ——たとえば、自傷にたいし、「私たちに見せることで自分のプライドを保っているのね」という冷笑的な反応が予想されること——をよく知っている彼ら彼女らは、自分たちがいる場所、感じ方を徹底して「何気なくみせる」すべもまたみがき抜きます。「死の近くいる」ことですら、とても軽いことがらであるかのように扱うふるまいを洗練させるのです。

これらいずれの場合でも、自分たちの生をもう一度つかみなおそうとする試みがたしかに息づいていると推測できます。「いまの子どもたちには生きている実感が薄いのではないか」とおとなは言いますが、「ちゃんと生きている」ことを実証しようとする努力こそが、生も死も「軽く」扱うふるまいへと子どもたちを向かわせてしまう。努力しながら、その努力自体が、「私の人生は私のものであるはず」という感じ方の土台までも掘りくずしてしまいかねないところに、現代日本の青少年がぶつかっている困難の深さ、新しさがあると言えます。一体なぜそうなってしまうのでしょうか。

「社会」を感じさせない文化

「生きている実感」や「生命感覚」などと言うとき、私たちは、人間が自然に持っているはずの感情であるとか、生身の身体感覚といった、生きていることの基盤になる何かを想定しています。しかし、すでにみてきたように、そういう基盤は成長のどこかの時点で必ず実感できるようにあらかじめ準備されているわけではありません。怒ったり泣いたりといった感情は自然にみえますが、じつは文化のなかで育まれ、社会的な性格を持ったものです。「笑い」が大変に高度な文化に支えられていることは、私たちがどんな「笑い方」をしているか考えればあきらかです。子ども向けのアニメやマンガのなかでも、大変に複雑な感情の世界が表現されているし、思春期の恋愛物語ともなれば、葛藤や矛盾、逆説をはらんだ感情の世界がくり広げられています。

このように、人間の文化は「生きている実感」の土台となっている「自然」を変容させる力を持っており、あらかじめ「これが自然だ」という土台の上に成り立っているものではありません。つまり、文化は「自然な感覚」を変化させてゆく、ということになります。人間関係の「自然」――広く社会生活のなかで人々に生きていることを実感させる基盤――はとりわけそうです。このため、何が自分にとって「自然な」（そのまま肯定できる）生き方なのかを知ることはきわめて困難です。「嘘の多い人間関係に疲れ、自然のなかで暮らすことで自分を取り戻した」という生の「つかみなおし」はとてもわかりやすいモデルですが、社会のなかで、社会に支えられ、他者とのつながりのなかで自分の生きている実感をつかまえなおすのは至難のわざと言えるでしょう。

現代日本の子どもたちが直面している「つかみなおし」のむずかしさは、「社会生活に支えられて生きていることを実感する」可能性がとりわけ極端に狭められていることに原因があるように思います。「自分は社会に支えられて生きている」――そう「感じる」ことの「自然さ」は、あらかじめはっきりした尺度があってわかることではなく、共に生きる人々との関係のなかでそのつど発見されてゆくものです。思春期になれば恋愛感情は自然に生じるものと言っても、「好き」の決まった尺度があるわけではなく、一人ひとりで恋愛の形、感情の形はちがいます。

ところが、一方で子どもたちの交流圏を飛躍的に広げた情報環境の変化、時間的にも空間的にもすさまじく濃密になった人づきあいの現実は、他方では、そのなかで働かせる自分の感覚が「自然」なのかどうかをとてもわかりにくくさせています。ケータイ小説を読まれた方はわかると思いますが、カレシとカノジョが出会う場面で、二人は一瞬で「相手が好き」になります。まず恋愛という関係があって、それから「この人を私は本当に好きなんだろうか」という長い物語がはじまるのです。「好き」という感情が自然（自分の本当の思い）かどうかはわからない、その状態が毎日の普通の姿だということになりますね。恋愛にかぎらず、およそ人間関係がみなそうした状態で感じられている日々を想像してください。この状態は、まるで自分の内側に自分でないものが常駐していて、ふり払おうにもふり払えないかのように感じられるはずです。

「化石」になろうとしてみたり、「元気いっぱい」の姿を絶対くずさないでおこうとしたりするのは、多分そうしたふり払いの努力にちがいありません。努力だと認めたうえで、その努力がかえって、「共にいること」に支えられた生活や感情の「自然さ」「実感」を発見させないようなしくみを問題にする必要があるでしょう。人が社会的存在であることを「自然に」たしかめさせず感じさせない文化のあり方に私たちはもっと敏感になることが必要です。「生きている実感」をとりたてて感じなくてもすむ生活・文化の組み立てられ方をどう変えてゆくか真剣に考えなくては、と思います。

「共にいることのできる」文化へ

「社会に支えられている実感の薄さ」などと言うと、若者にボランティアを義務化すればよいといった主張がすぐに噴出します。しかし、社会に参加することのリアリティを失わせているのは、青少年の意欲の薄さではなく、社会の一員として彼らを正当に位置づけることのできないしくみにあると私は考えています。子どもたちがまるごとの自分を肯定も実感もできず、また安心して生きてゆくこともできない状況があるとしたら、それはおとなの責任です。そうした状況を放置したまま、「しっかり成長しろ」と要求するのは無茶というもので、それこそおとなの責任の放棄、社会の責任の放棄なのではないでしょうか。

「生きている実感」は、訓練によって育てることはできません。子どもたちがいま実際に過ごしている生、生活がたしかに「社会」のなかにあり、そう認められ扱われているとわかる文化を築く必要があるし、そうした文化を実現する具体的で多様な制度、回路、手法をつくりだしてゆくことが大切です。前者について言えば、「共にいることのできる文化」を築くということです。自分の生は自分自身でしか肯定できないと述べましたが、そのように自分を肯定できるためには、「一緒にいる他者」が不可欠です。矛盾しているように思えますが、これは社会的存在としての人間が必ずぶつかる「宿命」です。この矛盾を解決するために、「共にいることのできる文化」があることを強調したいと思います。「ただそばにいればいい」って簡単だ、などと早とちりしないでください。あなたが「そばにいる」ことを子どもは実感して（受けとめて）いますか？　これまでみてきたように、現在の消費文化は、「共にいること」を感じさせない、感じないでもすむように「洗練」されつくしています。物理的にいくら一緒にいても、そばに「私の存在を受けとめるだれかがいる」とは感じにくくなっているのです。ですから、どうしたら共にいられるか、いまそのことが本当に大きな文化的課題なのです。

「共にいることのできる文化」を実現する具体的で多様な制度、回路、手法についてここではふれる余裕がありません。「話を聞く」ということがら一つをとっても、いまとりくむべきこと、考えてみる必要のあることはたくさんあるでしょう。「どうしたら聞くことができるか」という問いは、幼児期の課題にかぎられず、新しい文化状況の下におかれた私たちすべてがぶつかっている課題です。秋葉原無差別殺傷事件（二〇〇八年）の加害者は一日に百通以上のメールを出しながら、だれからも応答はありませんでした。私たちはだれの話をどのように聞くことができているのでしょうか。よりよく聞くためのしくみをどうつくってゆけばよいのでしょうか。

「聞くこと」とならんで、「話すこと・つたえること」についてもたくさんの課題がありそうです。たとえば、プロフやブログは自分を知らせるのに便利ですが、知らせ方のマニュアルに従ってつくる、つまり誘導される面があります。友だちづくりが商品として提供されていると言えばよいでしょうか。便利ではあるけれど、それでいいのだろうか、考えるべき課題です。たがいに人間として出会うことのむずかしさを多くの子どもたちが抱えこんでいるいま、「死にたいと感じること」のリアリティを「生きていること」のリアリティにつなげられる文化は、そうした努力の積み重ねのなかからしか育たないのではないでしょうか。

7　「私は私」と言えるようになるとき

消費文化の悪影響を取り除けばよいか？

これまで消費文化世界を生きる子どもたちの姿を追ってきました。気の張る友だちづきあいが苦手な場合はもちろん、うまく切り抜けながら過ごす場合でさえ、成長の基礎環境となった消費文化世界を生きるのは、けっこう大変なことがおわかりいただけたと思います。社会性がないとおとなからしばしば非難される若者たちが意外と「配慮の人」であることも。そしてそんな友だちづきあいと隣り合わせに、だれからも存在を認められない孤立の恐怖がひそんでいることも。

消費文化世界を生きるしんどさについてこんなふうに話してゆくと、聞き手がおとなの場合、「じゃあどうやって消費文化の悪影響を防げばよいのか」という反応が真っ先に出てきがちです。でも、そういうやり方で消費文化を生きるしんどさがなくなるかというと、私にはそう思えません。

文化とは、たんにできあがったあれこれの作品のことを指すだけではありません。文化の働きを大きくみると、世界の中で自分がどこにいるかを知る不可欠の手がかりとしての役割を果たしています。それは消費文化の場合も当てはまることがらです。消費文化世界を基本的な成長環境の一つとして受けとめざるを得ない現代の子どもたちは、その文化の「内側」で自分たちの生きる手がかりを求め行動しています。ですから、おとなたちがサブカルチャーと呼ぶ若者文化の世界を、なるべく遠ざけておきたい「危険で有害な文化」としてだけ扱うならば、その文化を生き抜くことで自分の姿を見つめねばならない子どもたちは立つ瀬がなくなります。消費文化への批判は絶対に必要ですが、「そこに近づくな」と言ってすむものではないのです。

若者たちがつたえようとしていること

消費文化が提供するさまざまな手段を使って少年少女たちは自らの生の姿や生活感覚を、怒りを、願望を、表現しています。たとえば、高校生作家としてデビューした日日日（あきら）の『ちーちゃんは悠久の向こう』（新風舎）や『うそつき』（新風舎）を読むと、他者を信じたいのに、ごく近しいあいだでさえそれがむずかしい状況がひしひしとつたわってきますし、橋本紡の『半分の月が上る空』（アスキー・メディアワークス）からは、たがいを慈しむとはどういうことかが、長期療養中の少年と少女の交流を通じて描き出されています。これらはいずれもライトノベルというジャンルの作品で、ボーイミーツガールの定型やファンタジー、学園ミステリー等々、青少年向け物語の「お約束」に満ちた類型、文体でつくられているので、おとなにとってなじみにくいかもしれません。けれども、そこには、共に生きられる世界への希求がたしかに息づいていると言えます。毎月五十冊以上発刊されているというライトノベルのすべてがそうというわけではないにせよ、独特の張りつめた友人関係を生きる現代の青少年が手近な文化的手段を使って、たしかな人間関係の形を求める姿がくっきりと映し出されているのです。

言うまでもないことですが、利用しやすい文化的手段はライトノベルにかぎられてはいません。ゆずというデュオによる伊勢佐木町（横浜）での伝説的路上ライブあたり（一九九八年）を画期として、全国の街々にストリートミュージシャンが広がりました。路上で唄うことも簡単なら、以前には想像できぬほど安価になった機器を利用してＣＤを自宅でつくるのも簡単です。映像分野にしても同様のことが言えます。消費文化産業がふんだんに供給する材料を用い、消費文化世界に広く行き渡った手法やアプローチを利用しながら、自分たちの思いをつたえる作業が以前よりもずっと気軽に行われているのです。昔の文学青年や映画青年、詩人などと比較して「安易だ、苦労が足りない」ととらえる見方もありますが、自分たちが使える手段で若者たちがあらわそうとし、つたえようとしていることをまずは受けとめることが最初なのではないでしょうか。

文化にひそむ暴力を見抜く

断るまでもないとは思いますが、消費文化の働きに深く影響された文化行動や感覚をそのまま肯定すべきだと主張したいのではありません。たとえ「みんなそんなこと気にしていないしあたりまえだ」と若者たちが感じているとしても、たとえば、「女は男にかわいいと言われるよう努力しなくてはだめ」と訴えかけ枠をはめる文化のあり方は「あたりまえ」ではないし、おかしいと言うべきです。「モテ系」というよく知られた言葉があります。「モテ」をめざす若い女性たちの、そうしないと努力、やる気が足りないとみられてしまう「境遇」がそもそもおかしいのですが、いったんモテ系という分類ができてしまうと、その線に沿ってがんばらない女性たちはさらに追いつめられます。『アンアン』の二〇〇七年一二月号に

「モテ子の習慣vsブス子の習慣」という特集が組まれたことがあります。一瞬目を疑いますが、冗談でも何でもありません。社会的評価、価値の上下判断をはっきりとふくんだそういう対比が堂々と行われてしまう文化は、大変に危険だと思わざるを得ません。

消費文化の世界では、点数を簡単につけられる学校的評価（できる・できない）よりもずっときびしい「センスの競争」が熾烈に行われています。感じ方や趣味のちがいがあたかもすぐれた人間とダメ人間のちがいであるかのように感じられ扱われています。はっきり言えば、そうした価値評価は差別にほかならないのですが、文化の領域に浸透している差別は、差別として受けとられにくいのです。「差別はいけない」とだれもが認めているのに、少年少女たちの「価値」に差をつける文化がまかりとおっています。それも、ファッションに象徴されるように、一人ひとりの持ち物や言動の細かいちがいまでもが動員されるのですから、息苦しいと感じないほうが不思議ではないでしょうか。自分たちの全身をそこに浸して生きなければならない子どもたちにとって、「差別はいけない」という理念は、現実とかけ離れた絵空事の主張でしかないでしょう。最初からフェアでない文化のなかで育つのですから、「それがおかしい」と突っ張り続けることもむずかしいのです。フェアでない核心の部分に目を向ければ自分が苦しい。だから、そういう「修羅場」にぶつからぬよう懸命に努力しなければならないのです。彼ら彼女らが人間として鈍感だと非難するのはまちがいです。鈍感でいなければ生きていけない文化のなかにいるのですから。

不平等や排除をしかたないと見過ごし、目くじらを立てるほうがおかしいと認めてしまうそんな文化のあり方——私はそれらを総称して「暴力の文化」と呼んでいます。レイプ事件にたいして「やられて当然」「それぐらい元気があったほうがいい」などという政治家の発言が平然と出てくるのは、残念なことに、「暴力の文化」の土壌が日本ではぶあつく広く存在しているからです。そうした暴力の文化は、人間の「弱さ」や素直さ素朴さ等々をとがめ、嗤い、ばかにするという形で、子どもたちの日常のあちこちに浸透しています。第5節で述べた「孤立の危険」はそうした暴力の文化の一例ということができます。

こうした状態を、私たちおとなは決して見過ごしてはならないし許してはいけません。おもしろければ何でもよいのではないし、好きなことなら何をしてもよいわけではないこと、「キモーい！」とか、「スイーツ（笑い）」とだれかのふるまいや趣味についてコメントすることが、文化のなかで生きて働く差別につながりうること、自分の言動についてであれ、友だちのそれについてであれ、そういう危険性に敏感であること……要するに、文化の世界にも、人が共に生きるうえで守るべき公正の感覚や尊厳の感覚が不可欠なことを、おとなは真剣につたえるべきだと思います。

もっとも、消費文化の世界で子どもたちが出会う不公正や排除の危険は、むしろおとながもたらしている点に注意すべきでしょう。子どもたちの興味や好奇心につけこむ商魂にせよ詐欺的行為にせよ、それらは、青少年を食いものにするおとなの「文化」そのものです。おとなの社会にあるあざとい商業主義を放っておいて、子どもたちにだけ「しっかりしろ」とハッパをかけたところで、ご都合主義として反発されるだけです。そして、子どもたちのそうした反発のほうがずっと正当でもあります。

さらに、これもご都合主義の一つといえますが、近年、「萌え市場」などと若者たちの文化を経済的に評価し直す動きが顕著にあらわれています。「萌え」も「オタク」も文化産業として有望なら、いままで危険視したり社会の厄介もの扱いしてきた態度を一転させ、日本の若者文化の独自性などともてはやすふるまいがそうです。危険視も誤りなら、成長市場だからOKという態度も誤りです。宮崎駿アニメをはじめとする日本製アニメが輸出を見こめる文化だからよい、というのもこれと同じです。

経済的に有力であるかどうか、というモノサシで文化を測っているにすぎないそれらの感覚が一般化するとしたら大いに問題。「売れスジ」のジャンルや作品から、果ては「売れスジ」のキャラまで、「何がうけるか」をほとんど唯一のモノサシにして文化行動が測られることは、私たちの生きる土台を貧しくすることにしかなりません。

消費文化を「卒業」するとき

消費文化を生きる子どもたちの姿を、たとえばケータイ文化だとか、「ねらー」、コスプレといった具体的事例を切り口にして眺めると、特別にその世界にどっぷりはまった人間像をイメージしがちです。「もっと普通に過ごしている子もいるよ」という反応がしばしば出てきますが、毎晩ネットゲーム世界で友だちとつきあう若者にせよ、コスプレを楽しむ少女にせよ、「普通にいい子」のなかの一人です。これまでみてきたようないくつかの特徴を帯びた消費文化を生きる経験は、多かれ少なかれ、青少年文化の一部をなし「普通」と考えていいものです。その「一部」がどの程度であるかにちがいがあるとはいえ、個々の行動だけを切り離して「特別に変わった、極端な若者たち」とみてほしくはないのです。私たちおとなにとってもの珍しく「異様にさえ」映る行動も、ちょっと角度を変えてみれば、おとなに理解できないふるまいをときにみせつけながら、それでも日頃はしっかり中学生をしていたり高校生をしている少年少女の姿だとわかるはずです。

消費文化の浸透が成長の形に影響を及ぼしていることはたしかですから、悪影響を受けさせたくないと親が思うのは当然でしょう。ゲームばかりしていると脳が働かなくなるといった根拠のない情報が広められているのだからなおさらです。しかし、消費文化が用意する環境を取捨選択してゆけるのは最終的には、その文化のなかで生きる若者たち自身です。高校時代にあれほどファッションを追っていたのに、大学に行ったら一変して、まるで着の身着のまま、流行ばかり追ってと心配したのが嘘みたい……といった経験のある親の方はきっとおられると思います。「私は私」――だから周囲にどうみられようと気にしない――と思えるような「寄る辺」をみつけることで、思春期の少年少女たちは、消費文化という成長環境を相対化してゆきます。

いつになったら「私は私」と思えるようになるのかはそれぞれちがうでしょう。また、そう思えるようになる貴重な足がかりである「寄る辺」の中味が何であるのかも人によってちがいます。たとえば、アイドルが大好きで、お目当てのアイドルのライブには全部行く中学生にとっては、それほどに自分が夢中になれる存在としてのアイドルが「寄る辺」です。自分自身をありのままに認め大切にできる手がかりが「寄る辺」ですから、おとなの予想もしない対象が「寄る辺」になることもあるのです。そうした「寄る辺」をステップボードに

「私は私」と思えるようになる。つまり、消費文化デビューがあるのと同じように、消費文化を相対化するという意味での「卒業」もあるということです。

おとなができることは？

それでは私たちおとなは、親は、新しい文化を生きる子どもの姿をはらはらしながら見守るしかないのでしょうか。

「見守ることができれば十分です」、と私ならば答えます。先に述べたように、消費文化という成長環境を糧にして育ち、やがてその文化を相対化するのは、子どもたち自身の作業です。なるべくよい環境を整えようとする社会の努力は大切ですが、未知の人生を生きる子どもたちの環境をあらかじめうまくゆくように全部整えることは無理な話です。それに、子どもたちが利用し味わっている膨大な文化についてカバーすることもできるはずがありません。無理にわかろうとする努力はかえって彼らには「いたい」（痛々しい）と映ります。それよりも、「私にわからないことをしているあなたを私は知っているし、ちゃんと見ているよ」というメッセージがつたわることのほうがずっと大事だと思うのです。「見守る」ということは、「それしかできない」という消極的な態度ではありません。親とはちがう時代のちがう人生を生きる子どものそばに、一緒にいるぞ、生きているぞ、という深い呼びかけです。「あなたと共にいる」という呼びかけをつたえられること、たとえ言葉にしなくても、そのことが、ときに孤立の危険に満ちた消費文化を生きる子どもたちにとって何よりの支えではないでしょうか。

子どもがどう変わったかはいつの時代でもおとなの関心事でした。子どもの変化についての議論は山のようにあります。しかしよく考えてみると、子どもの変化とは、子どもとおとなの関係の変化でもあるはず。おとなの存在については、変化しない、固定したものとしてとらえ、子どもの変化だけを問題にするのでは不十分です。変化した子どもたちとつきあい、共に日々生きているはずの私たちおとなはどう変化しているのでしょうか？

現代の子どもたちがみせる目新しいふるまいについて考える以上、私たちおとなもまた、こう自問しなければならないでしょう。

「では私たちはどんな文化を生きているのか？　排除や孤立の危険をくいとめ、共に生きる豊かな文化を持っているのか」と。

第Ⅲ章

保育制度「改革」と子育ての共同

いま保育運動に求められていること

昨年秋、「ハッピースマイル」等の名称で関東各県に保育園を展開していた株式会社エムケイグループの破綻により、系列の保育園が突然閉鎖されるという事態が起きました。朝、子どもを連れてきたら閉園の張り紙が門のところに出ていて、とまどいあわてるお母さんの姿がテレビで放映されましたから、ご記憶の方もいると思います。わずか半年で閉園のところもあり、預け先を失った家庭はさぞ困っただろうと想像がつきます。

こういうニュースに接すると、たとえ子どものいない人であっても、普通、「子どもの行き場がなくなるような保育園経営を許しておくのはまずいんじゃないか」という感想を抱くでしょう。子どもも親もすぐ困るだろうと想像できるし、困る様子もはっきりわかるからです。子どもたちが、子育て中の家族が、どこで、どんな形で苦しんでいるのか、悩んでいるのかが具体的につたわるならば、「そんな状態はおかしい、何とかしなくちゃ」と、多くの人はごく自然に感じるのではないでしょうか。

この例からわかるのは、どんな困難があるか、どんな人たちがその困難にぶつかっているのかを具体的に知ること、つたえることの重要性です。それまでは目立たずに放置されてきた問題が社会のなかではっきりと示されれば、「その問題をどうするんだ」という注目の広がりも必ず出てくる、ということです。

「出産難民」という言葉とともにあっという間に広がった、お産することさえもむずかしくなってしまった医療の問題は、たとえばその典型です。あるいはまた、今年（二〇〇九年）の正月、一週間に満たないあいだで全国に知れ渡った、日比谷公園派遣村のことを思い出してください。懸命に働いてきたのに突然収入を失い寝る場所も失った数百人の人たちのせっぱつまった状態がはっきりと私たちにつたわり、「こんな状態を放っておくのはおかしい」とみんなが感じました。そうした世論の受けとめ方が背景になり、圧力となって、政府も自治体も、現実にせっぱつまった状態を無視できなくなったのです（日比谷公園派遣村村長の湯浅誠さんが述べていたように、派遣村がつくられたことで私たちが具体的に知ることのできた窮状は全国の「せっぱつまった状況」を考えれば、まだほんの一部にすぎませんが、それでも、「放っておいてはだめだ」という気運を大きく広げた、と言うことができます）。

では、子育てにかかわるせっぱつまった問題——第Ⅰ章で述べた子どもの貧困や親・家庭の困難、いまの日本社会で子どもを育てるむずかしさ、子育て環境の大きな変化等々は、「大変だ、何とかしなくては」と社会全体で受けとめられているでしょうか？

残念ながらそうなってはいない、と私には感じられます。エムケイグループの破綻がもたらした突然の閉園問題にしても、経営側の不始末に巻きこまれた家庭は気の毒だという同情にとどまったように思います。もちろん、保育関係者は大きな関心を持たれたと思いますが。子どもや子育てに関係する問題のなかですぐさま大きく報道され、世間に広くつたわるのは、これも残念なことに、虐待のような被害を子どもがこうむる事件です。そういう事件をのぞくと、子育ての何がいま問題で、何とかしなければいけないことがらなのかについて、社会の注目と合意とが得られにくい状態とさえ言えるかもしれません。

子育ての問題がなぜ広く共有されにくいのか、その理由はいくつか考えられます。

まず、すぐに思いつくこととして、育つことのむずかしさを子ども自身が訴えにくいという事情があるでしょう。当事者である子どもたちが、自分たちのぶつかっている困難をおとなと同様の表現手段を使ってつたえるのは、そもそも困難です。低学年の子どもたちや乳幼児となればなおさらそうですから、おとなの側、社会の側がそうした表現の困難を補って問題を察知しなければなりません。しかし、子どもの権利条約にのっとった「意見表明権」が子どもたちに認められていながら、子どもたちの困難、苦しさを、その深さや重さにふさわしくしっかり受けとめるしくみや手段が整っているとは決して言えない状況です。たとえば、子どもの気持ちをおきざりにしたまま、乱暴で拙速な公立保育園民営化が強行されているのは、その一例です。ものが言えない子どもだからこそ、おとなの側がさまざまな努力で子どもたちの気持ちを推しはかってゆくべきであるのに、まったく逆に、行政の都合をごり押しして恥じないようなやり方がいくつもの自治体でとられています。

もう一つの理由として、子育ては親、家庭の責任という感じ方がまだまだ強いことを挙げておきます。「社会的引きこもり」の問題や、「ニート」の問題が最初に関心を引くようになったときもそうですが、「家庭がしっかりと注意して育てるべきだ」という反応が広く生まれました（社会に出にくい、若者の働く環境がひどい、という事態がかなり知られるようになったいまでも、そうした感じ方は強く残っています）。まして、学齢期や乳幼児期の子どもについては、親がしっかり監督していれば何とかなるはず、という感覚が一般的ではないでしょうか。子育てにいま奮闘中の家庭では、そんなに思うようにゆかない現実をわかっていても、周囲は必ずしもそう受けとっていない――そんなギャップが、いまの時代に子育てなんかとてもむずかしくて、簡単に子どもを産めない、という若い世代の感覚を増大させているように思います。

こう考えてくると、子育ての問題を親まかせ家庭まかせにするのではなく、社会全体が真剣に受けとめ、社会的なしくみの問題としてどのようにとりくんでゆけるかが、いまとても重要になっていると思います。次世代育成支援とか、待機児解消とか、子育てにかかわる政策は次々に打ち出されていますから、政府も自治体もそれなりに子育て支援の対策を立てているのではないか——そう受けとめている方もいるでしょう。乳幼児を抱える家族が路頭に迷いかねない「せっぱつまった問題」があるからこそ、そうした対策がとられはじめたのだ、とも。

たしかに、子育て・保育の分野では、いま大規模な「改革」の方向が打ち出され、実施に移されようとしています。保育の世界、子育ての世界がすっかり様変わりしてしまうといってよいほどの変化がもうはじまっています。そこで、いますすんでいるこうした政策が子育ての社会的なしくみ、制度をどのように変え、その結果、子育ての困難をどのように解決しようとしているのか、たしかめる必要があります。子育て・保育分野の「改革」は何を目標とし、子育てのどんなことがらを社会が果たすべき課題と考えているのか——こうしたことをはっきりさせるために、保育の現場にいま激しい変化を引き起こしている「構造改革」政策について検討してゆくことにしましょう。

1　保育分野の「構造改革」

子育て政策の「善し悪し」を判断するモノサシ

「構造改革」政策の中味に入る前に、政府や自治体のすすめる子育て政策を私たちが判断するうえで大切な、モノサシ＝評価の基準について簡単にふれておきます。政策の言葉というのは、ちょっと聞くだけでは何が問題なのか、どういうことを意図しているのかわかりにくい場合が普通です。言葉だけなら、とくにおかしいところ、反対するようなことはないと感じられるようにできています。たとえば、「ワーク・ライフ・バランス」と聞けば、「働きすぎをなくしてアフターファイブのゆとりもきちんと持てるような生活」をイメージしますね。そしてそのイメージどおりなら、まず反対する人などいないはずです。「多様なニーズに応える保育」と聞けば、パートなどの短時間労働でも子どもを預かってくれる保育を想像して、「そうなれば楽だけど」と思う方もいるでしょう。本当にそうなのか？　政策に用いられる言葉がこちらのイメージしたものなのか、どこかにごまかしや誤解を生じさせる落とし穴がないのか？——そのことをしっかり見抜くためには、私たちが政策の善し悪し、出来具合を判断するモノサシを持つこと、そのモノサシを見失わないことが大切です。

モノサシの一番目は、よりよい子育て環境の整備や実現を親まかせ家庭まかせにせず、社会が責任をもって整えるような内容になっているか、ということです。べつに、それほどややこしいモノサシではありませんね。「社会が責任をもって」という表現は、「公的な」という言葉で言い換えることができます。硬い表現を使うならば、「子育て環境の公的保障」です。どんな形で子育てや保育が行われるか、その具体的なあり方はさまざまだとしても、子育ては社会全体が支えるという考え方に立って、この考え方を具体的に実現するために政府や自治体が公的責任を負うということ——これが一番目のモノサシです。

次に、これもあたりまえのことですが、子育て政策の策定と実施にあたっては、その政策が、子育て中の家庭はもちろん、住民・勤労市民の願いや要求をくみとり、受けとめ、反映しているかどうかが、政策の「できぐあい」を判断するもう一つの重要なモノサシになります。このモノサシに反対する人はいないでしょう。政府や自治体も、子育て家庭や住民、勤労市民の「ニーズ」に応える政策をすすめるといつでも表明します。言葉のうえでこのモノサシに反対する人はいないのですが、何が、どんな点が子育てについてみんなが望んでいる要求なのかをはっきりさせないと、子育て政策がそういう要求に本当に応えるものになっているかどうかはわかりません。

たとえば、いま日本の勤労者が充実してほしいと切実に願っている政策として社会福祉・社会保障が挙げられるにもかかわらず、政府は社会福祉・社会保障を削減する「改革」を依然として掲げたままです。そうした政策と国民の要求、願いとは矛盾しているのです。「共通して願っていること、要求していること」がはっきりと示されれば、政策がそういう私たちの願いに応えるものかどうか判断できるようになります。つまり、子育てについての願い・要求をまとめ、みんなの合意として目に見えるようにすることで、このモノサシの力が発揮されるようになります。

最後に、政策を立て実施する過程が民主的にすすめられているかどうか、というモノサシを挙げておきます。住民、市民に情報を知らせず密室でものごとをすすめるようなやり方はまちがっています。公立保育園の民営化が自治体の首長や当局の意向で強引にすすめられる例が広がっていますが、このモノサシにてらせば、民営化が本当に必要かどうかの判断以前に、そうした非民主的なすすめ方が、まず正しくないのです。大東市や横浜市での民営化をめぐる裁判では、「最初から民営化という結論を決めている」という自治体のやり方そのものが、判決のなかできびしく批判されています。

子育て政策の中味を判断するために大切な以上のモノサシを頭におきながら、子育て分野での「構造改革」政策をみてゆくことにしましょう。

急激な変化にさらされる保育現場

いま、保育の現場は、大きな「改革」の波の中にいます。

その一番わかりやすい例は、全国各地の自治体で公立保育園の民営化が急速にすすめられていることです。二〇〇六年から二〇〇七年にかけて、公立保育園が全国で二百五十園減少し、一方で民間保育園が四百園増えています。昨年秋には、わずかですが民間保育園が公立保育園の数を上回ったことがあきらかになっています。大阪や横浜など、大都市部からはじまった民営化が、現在は全国の中小都市でそれほど公立保育園の数が多くないところでも拡大されています。たとえば神奈川県鎌倉市では、それまではすぐ民営化するという計画は市からはとくに出されていなかったのにもかかわらず、二〇〇八年四月から公立園八つのうち一つを民営化し、続いてあと二つ民営化すると言っています（この過程で、民営化を引き受ける側のサクセスアカデミー社保育運営部長であった小林たづ子さんが、二〇〇七年一〇月、過労死するという不幸な事態が生じています）。名古屋市の大規模な民営化方針をはじめ、全国各地で民営化計画がすすめられ、対象となった保育園の親、保育士はもちろん、公立保育園に子どもを預ける親・保護者、保育関係者の不安をかき立てる事態になっています。

公立保育園をいまどうしても民営化する必要があるのだと言うのなら、だれもが納得できる理由がなければいけません。公立保育園ではまずい、民間保育園でなければという理由はとくにないのに、民営化するというのはおかしな主張ですが、残念ながら、各地の自治体がすすめている民営化では、そうした理由はまるで説明されていません。その自治体で本当に民営化が必要かどうかを検討する前に、とにかく民営化を行っていく事態がすすんでいます。

こうしたやり方は、前に述べたモノサシにてらすならば、「おかしいぞ」と感じるのが自然だと思います。にもかかわらず、民営化をすすめさせる国の保育政策に誘導され、いま公立保育園が急激に減らされているのです。

保育の形の変化という点では、公立保育園の民営化だけでなく、認定こども園という新しい保育形態の増加も見逃せません。二〇〇七年は九十四ヵ所だったのが二〇〇八年の発表では二百二十数ヵ所と増加していますが、厚労省はまだまだ足りない、もっと増やす必要があるとしています。保育所が増えるのはいいこと、と思われるでしょうが、認定こども園は、これまで設けられていた保育の基準をゆるめてしまうところに大きな問題があります。ただ保育所が増えるというのではなく、保育士の数や給食施設など、保育所に必要とされてきた基準をゆるめることで、保育のあり方が変わってしまう点に注意してください。保育の基準をゆるめる動きは、東京都のはじめた認証保育所制度にもみることができます。これまでの公立保育園や認可保育園よりもゆるい基準で運営できるようにするのが、これら新しい保育園の特徴で、保育の中味もちがってゆくことに注意しなければなりません。「社会が責任を持ってよりよい子育ての環境をつくる」というモノサシにてらして、保育の基準をゆるめてしまってよいかどうか、しっかりと議論すべきです。

保育の中味に直接かかわる大きな動きとして、保育所保育指針が改訂され（以下、新保育指針）、厚生労働省の告示（学習指導要領と同じ法的性格をもたせるという意味で、この点も大きな変化です）として示されたことも重要です。保育所や保育士がどのような社会的役割を果たすべきかについて新保育指針は踏みこんだ方向づけをしており、それが保育の「構造改革」とどのように関係しているかについてもきちんと検討する必要があります。あとで述べるように、今回の指針で明文化された保育所や保育士の評価制度がどのように働くか等々とともに、「構造改革」と決して無関係ではないからです。

保育現場の変化を肌で感じているのは、だれよりも、そこで働く方々だと思います。公立保育園が民営化されるといった大変化ではなくても、「働き方が変わった」という実感を持っている保育士の方は多数ではないでしょうか。一時預かりなどの多様な「保育」の広がりは、正規、非正規……さまざまにことなる立場や処遇におかれた保育労働者が共に働く現場を生み出しています。全国福祉保育労働組合の調査などにあきらかにされているように、保育士の半数近くを非正規労働者が占めるような職場が生まれているのです。働き方の点でも保育の現場にすさまじい変化がすすんでいることがわかります。

今までよりも子どもを預けやすくなる？

保育現場をこのように激しく変えている大元が「構造改革」政策です。格差社会の実態が知られるようになり、「派遣切り」に代表される労働者の苦しい状態に注目が集まるなかで、そうした状態を生み出した「構造改革」政策を政府が露骨にすすめることは、いままでよりもむずかしくなっています。ところが、困ったことに保育の分野では、さまざまな問題点がきちんと検討されぬままに、「構造改革」が一層加速してすすめられようとしているのです。

なぜそんな事態がすすんできたのかを考える前に、ここではまず、「構造改革」政策のメニューと現在までのすすみ具合をみておきましょう。

二〇〇八年三月二五日、「規制改革推進のための三ヵ年計画」が閣議決定（まだ福田政権の時です）されました。保育分野の「構造改革」メニューはそこにすべてそろっています。閣議決定ですから、政府としてその方針を具体化してゆくことを決めたということです。以下、そこでの内容を挙げておきます。

・認定こども園の拡大推進（〇八年措置）
・直接契約・直接補助方式の導入
・入所基準の見直し（「保育に欠ける」という要件の削除）
・最低基準（〇八年度調査、〇九年度措置）、定員の見直し（〇八年度検討・結論、〇九年度措置）
・保育ママ活用促進（〇八年度結論）
・保育士受験要件等の見直し

これらの内容のうち、認定こども園はすでにつくられていますから、その数を増やすことが政府の方針です。また、「保育ママ」は、二〇〇八年一一月、児童福祉法改正によって法制化され、市町村は保育ママ事業の実施について努力義務を課されることになりました。

挙げられた改革メニューをながめると気づかれると思いますが、これらの措置は、これまで保育のしくみに必要と考えられてきたさまざまな規制や基準をゆるめ、これまでよりも「子どもを簡単に預かれるようにする」しくみをめざしています。「すぐ預かってもらえるのはありがたい」と、親や保護者なら思うかもしれません。しかし、問題は、「簡単に」ということの中味です。この点を、改革メニューの中心といえる、「直接契約・直接補助方式の導入」と「入所基準の見直し」という方針からみてゆきます。

直接契約・直接補助方式も入所基準の見直しも、保育制度を根底から変更するもので、まだ実現されていません。しかし、閣議決定を受け、厚生労働省の社会保障審議会少子化特別部会（以下、特別部会）で、これらについて昨年から集中的に審議が行われてきました。二〇〇八年五月二〇日に「中間とりまとめ」が発表され、一二月には「第一次報告案」によって直接契約方式の具体化に踏みだそうとしたのですが、保育関係団体の反対・抵抗が強く、最終結論は持ちこされています。現在の時点（二〇〇九年二月末）では、最終案が具体的にどのような記述になるかはわかりません。しかし、直接契約方式への変更を実現したいという政府・厚生労働省の方向ははっきりしていますから、保育関係者の反対・抵抗を押し切ってこの方針を強行することは確実です。

では、特別部会でまとめられる制度「改革」案は、どう具体化されるのでしょうか。

政府の社会保障に関する中期プログラム（〇八年一二月二四日閣議決定「持続可能な社会保障構築とその安定財源確保に向けた『中期プログラム』」）に書かれたスケジュールでは、二〇一〇年までに児童福祉法、次世代育成支援推進法を改正し、二〇一二年ないし一三年には新制度をスタートさせる予定になっています。こうしたプログラムからみても、いますすめられている「改革」構想がどれだけ大がかりなものかわかると思います。そして、特別部会報告は、そうした制度「改革」のスタート地点にあたるのです。

「新たな保育の仕組み」の中味①——「受給権」の判定と付与

特別部会の第一次報告案は、それでは、具体的にどのような言い方で直接契約・直接補助方式を核とする新制度の導入を図ろうとしているのでしょうか。

報告案にある「事務局の整理による考え方の比較表」では、保育のしくみについて、「市

●市場原理に基づく直接契約・バウチャー方式

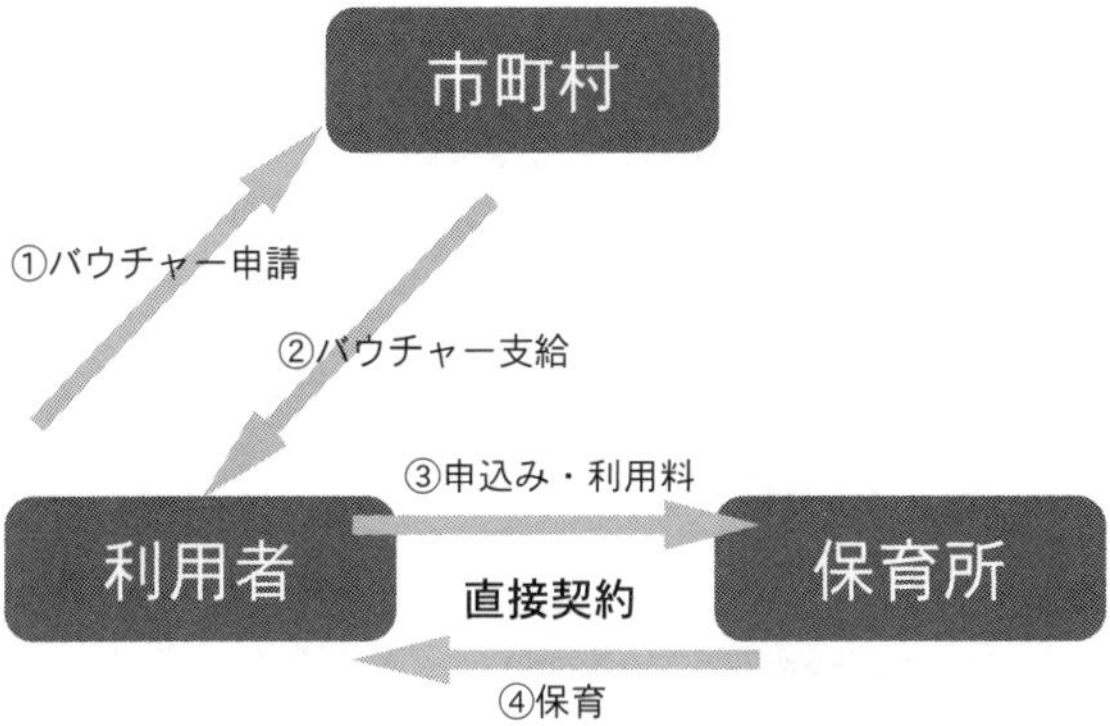

「今後の保育制度の姿（案）（事務局の整理による考え方の比較表）〈概要〉」（2008年12月16日、第21回社会保障審議会少子化特別部会資料内の図より作成。他も同様。）

場原理に基づく直接契約・バウチャー方式」「新たな保育の仕組み」「現行制度維持」の三タイプに分け、そのちがいを説明しています（図参照）。これをみると、一つ目の「市場原理に基づく直接契約・バウチャー方式」が厚労省のめざす方向のようにみえますが、そうは言っていません。子どもを育てるためのさまざまな営み（サービス）を商品の売り買い（市場原理）と同じように考えることはできない――そう感じる人は多いはずですから、市場原理をそのまま保育の分野に適用するやり方には抵抗が予想されます。そこで、特別

●新たな保育の仕組み
（「サービス保障の強化等＋財源確保」案）

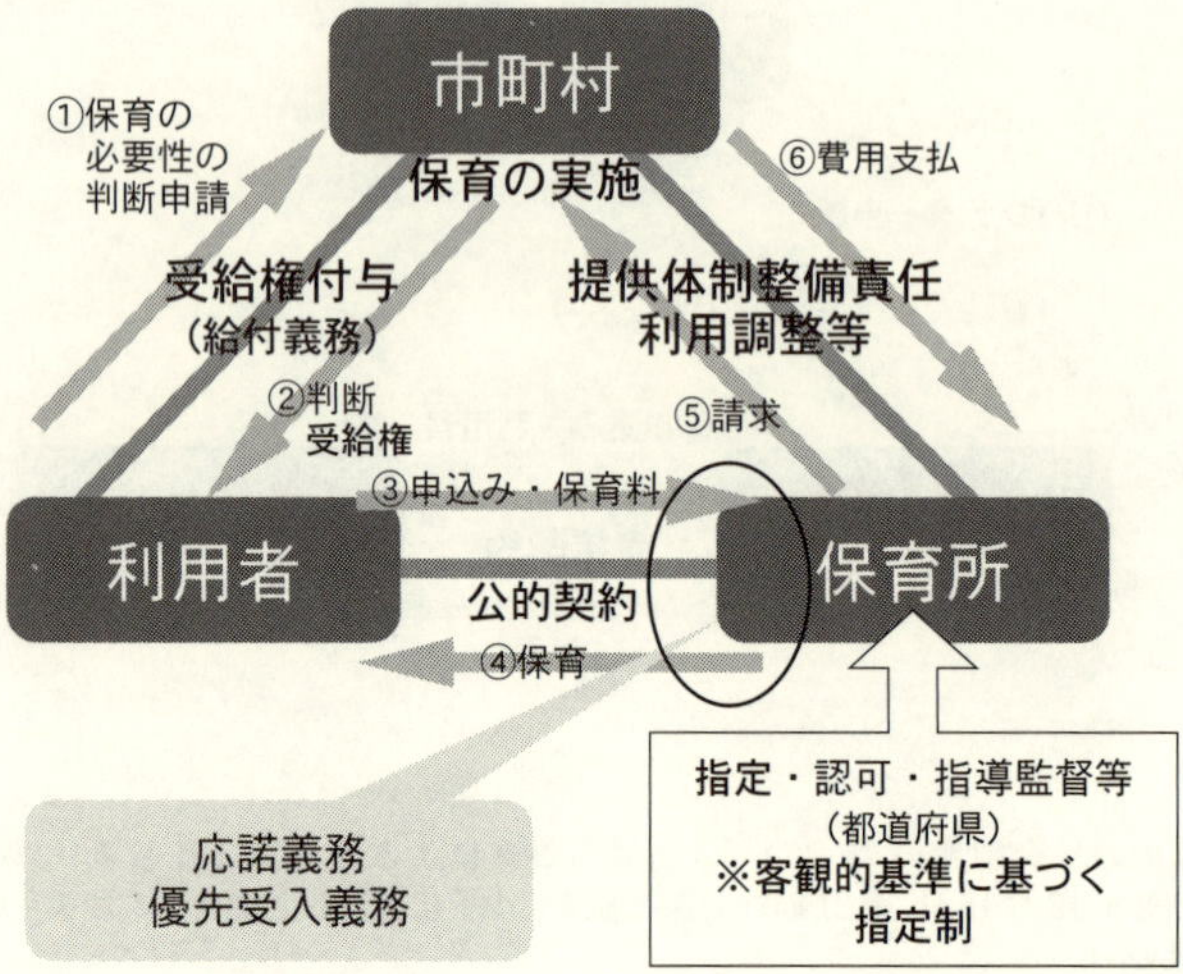

部会での議論でも、めざす方向について、「直接契約方式といっても市場原理そのままではないですよ」とみせかける迂回策がとられています。二〇〇八年五月の「中間とりまとめ」では、以下のように、「準市場メカニズム」という言葉が使われていました。

「今日のニーズに対応し、利用者の多様な選択を可能とするため、保育のサービス提供の仕組みについては、こうした対人社会サービスとしての保育サービスの公的性格や特性もふまえた新しいメカニ

●現行制度維持
（「運用改善＋財源確保」案）

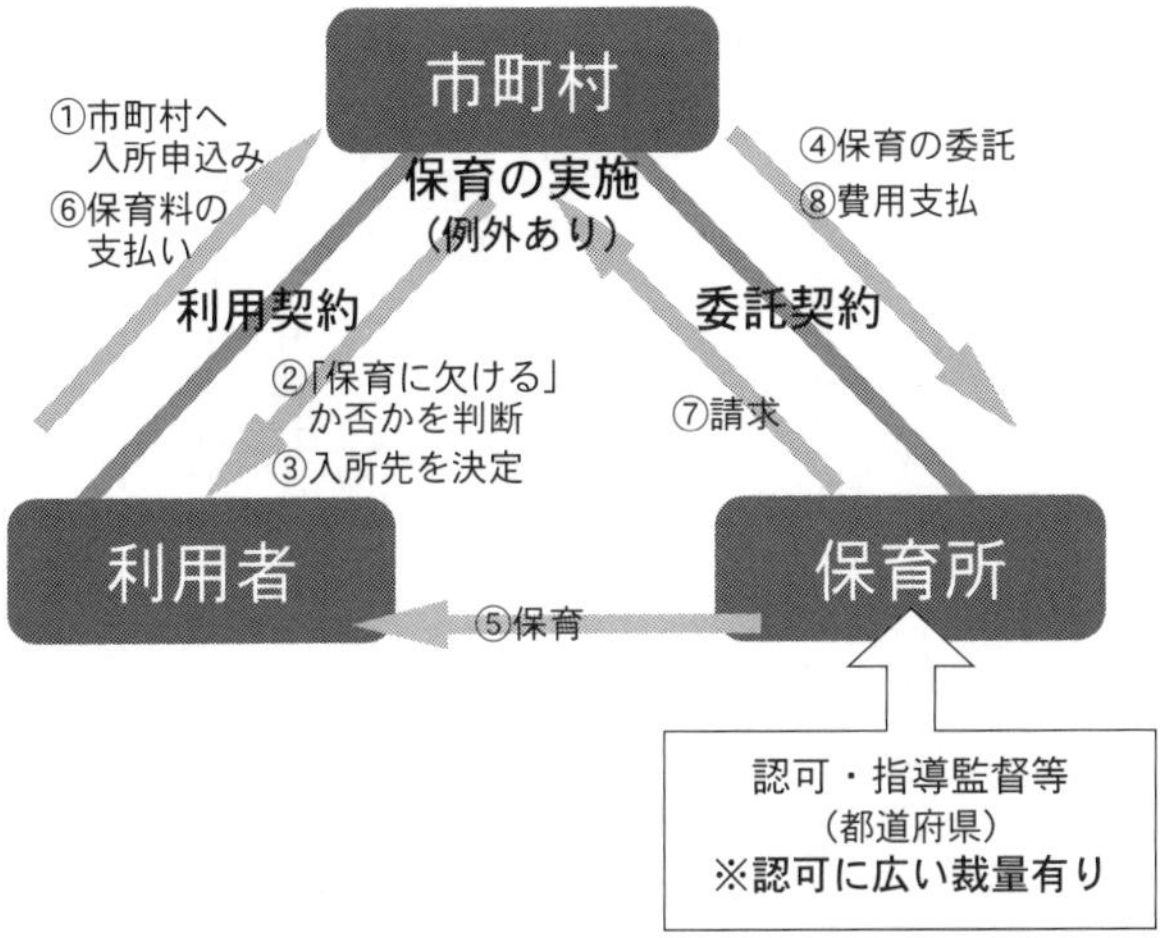

ズム（完全な市場メカニズムとは別個の考え方として、ここでは『準市場メカニズム』と呼ぶ）を基本に、新しい仕組みを検討していくことが考えられる」

では、市場原理とはちがう新しい方式とはどのようなものでしょうか。「新たな保育の仕組み」のなかにその説明があります（つまり、三種類に分けた考え方のうち、「新たな保育の仕組み」こそ、厚労省、政府のめざす「改革」だということになります）。しかし、契約方式や補助金のあり方などに注目してこれをみてゆくと、市場原理とはちがうなどととても言えないことがわかります。

まず、市町村（自治体）は何をするのかという点について、「客観的に必要性が判断された者に、受給権を例外なく付与」する、としています。そして、市町村は、「保育の費用の給付義務」を負い、保育サービスを提供する体制整備の責任、実施責任を持つ、と説明しています。受給権という耳慣れない言葉が使われていて、保育所に入る権利を保障されるのかな、と単純に受けとってしまいそうですが、保育が必要と認められたら保育利用チケットがもらえるようなもの、と考えたほうがわかりやすいでしょう。「保育の費用」を給付するのであって、保育を実施するのではないことに注意してください。ですから、受給権が認められたからといって、実際に子どもを入園させる保育所が決まるのではありません。

ここが肝心なところですが、報告案でいう市町村の責任は、現在の制度のように、市町村に保育の実施義務を負わせる（児童福祉法二四条に規定されている、現在の保育制度のかなめです）ものではありません。「保育を利用する権利は認めますよ」といっても、「この保育所をどうぞ利用してください」と、保育を実施する義務はないのです。

「じゃ、いったいどこの保育所に預かってもらえるの？」と不思議になりますね。保育が必要という判断は「客観的基準」にもとづいて、いわば自動的にくだされるので、その地域に受け入れる保育所、保育サービス施設がどれだけ整っているかにはとりあえず関係しないという点がポイントです。

さらにもう一つ、受給権をどのように付与するかについては、「保育に欠ける」度合いに応じて判定するとしています。たとえば、月曜から金曜の半日をパートで働く親の場合には何時間分の保育、という具合にです。つまり、どれだけ預かってもらえるか（利用量）は家庭によってちがうことになります（具体的には、週当たりの保育時間で三つくらいのタイプに分ける、と説明しています。週二十時間まで、四十時間まで、五十五時間まで、といった区分です。一時預かりはこれとは別です）。保育を必要とする（受給権を認める）子どもの範囲をそうやって広げることで、保育サービスへの「潜在需要」が表に出てくる、というのです。

いままでよりも多くの子どもたちを預かるしくみができるならいいじゃないか、と喜んでしまいそうですが、はたしてそううまくことが運ぶのでしょうか。

決してそうはいかないだろうと思います。保育所の数をいまよりもずっと充実させて、増える保育需要に応えるなら別ですが、そうでなければ、受給権を認められても預ける先はないでしょう。第一次報告案の説明会では、消費税一〇％の実現が前提などと厚労省の担当者が述べているようですが、それ自体あやふやな話です。自治体が財源難を理由に福祉予算を切りつめているいま、保育予算の保障もないまま、「受給権を認められた子どもすべてを預かります」と言えばどういうことになるのか？　保育ママ制度や認定こども園など、いろいろなサービスをひっかき集めて、「とにかく子どもを収容できる場所」を確保する、そしてそれが保育だということになりかねません。うがった見方をするなら、これまでの保育所の外側に保育をあふれ出させ、公的保育の役割を変質させてしまう点に隠れた効果があるのでは、とさえ言いたくなります。

「新たな保育の仕組み」の中味②――保育所と親の「公的契約」

では、保育所は、受給権を認められた子どもたちを、これまでと同じように引き受け、預かるのでしょうか。

まったくちがいます。「利用者が保育所と受給権に基づく公的契約を結び、より向き合う関係に」する（これが直接契約方式に当たる部分です）と述べていて、これまでの措置制度にもとづく入園とはちがう関係が想定されているからです。「公的契約」って何よ、と疑問がわきますが、説明はありません。説明できないといったほうが正確でしょう。公的と言われれば、普通の契約より確実な感じがするといったイメージ操作にすぎません。

ともかく、入所にあたっては、まず保育所と保護者がどんな預かり方・預け方をするかをとりきめた「契約」を結ぶようにするということです。ただし、市町村による「利用調整」や第三者によるコーディネート（介護保険の場合のケア・マネージャーのような役割と考えられます）について、さらに検討するとつけ加えているので、「契約」の性質にはあいまいな部分が残っています。

「契約と言おうが何と言おうが、いままで一時預かりや長時間保育を親と相談しながら決めていたのと同じようなことではないか」と思われるかもしれません。しかし、報告案では、利用者にたいして、保育サービスの利用量に応じて補助をつける（直接補助方式）としていますから、利用者が少なければ運営費も少なくなる、ということです。実際には運営費を市町村が「代理受領」して保育所に支払う（保育料については保育所が徴収します）と説明していますが、保育所に必要な設備費や運営補助金をつけるこれまでのようなしくみをやめてしまうのですから、大変な問題です。

以上が、特別部会第一次報告案が薦める「新たな保育の仕組み」の中心部分についての簡単な説明です。直接契約・直接補助方式の導入を軸に、二〇一三年には新しい制度を出発させる、そのために法律改正もふくめ今後四年間で準備をすすめようというのが厚生労働省のプランです。保育制度の根本的な変更が、いま急速にすすめられようとしているのです。「新たな保育の仕組み」がはたして保育のあり方をよりよくするものかどうかは第3節で述べますが、ここでは、「改革」論議のすすめ方についてとくに注意しておきたいことがあります。それは「あいまいさの危険」ということです。

特別部会案には、「今後検討」とか「さらに検討」という言葉がたくさん出てきます。「いまはまだその点はわからない、今後考えます」という説明、要するに大事な問題を先送りにする際の決まり文句と言えるでしょう。この「あいまいさ」は大変に危険です。なぜなら、いまはっきりさせておくべき重要な問題にはふれぬまま、方向だけが決められてしまうからです。政策を判断するときのモノサシを思い出してください。大切な点をあいまいにせず民主的な議論をとおしてみんなの目に見えるようにしていき、合意をつくっていく手続きの重要さを。「いまわからない点はとりあえずおいといて」というやり方は、「構造改革」への不安や反対を押し切るさいの常套手段です。そして、いったん方向が決められてしまうと、どんなに深刻な問題点があとからわかっても、あと戻りすることは困難になってしまうのです。

2　財界の子育てプラン

子育て政策に熱心な財界

それにしても、保育分野での「構造改革」が、いま、こんなにも急激にすすめられているのはなぜでしょうか？　「日比谷公園派遣村」が大きく報道され、「派遣切り」の無法、非道な実態に象徴される労働者の困難に関心がよせられるなかで、たとえば雇用の分野では、日雇い派遣の禁止などを盛りこんだ労働者派遣法見直しの動きなど、これまで一方的に規制緩和の方向を向いていた「構造改革」の流れにブレーキをかける状況が生まれています。ところが、保育の分野では「構造改革」の動きが、この時期になってひときわ大きくなっているのです。

財界がこの間、熱心に保育制度「改革」や学童保育「改革」を主張してきたこと、そして、雇用分野での財界の「構造改革」論がようやく批判されるようになったことと比較して、子育て分野での財界の主張にたいする社会の関心も批判も弱いことが、保育分野での「構造改革」を加速させる要因になっていると思います。財界の側にしてみると、保育制度「改革」は、いまの状況でも「突破できそうな」分野として位置づけられているのではないでしょうか。

財界の子育て政策は、政府、厚労省の「構造改革」に先んじて、「こちらの方向にすすめ」と旗をふるもので、両者の内容は重なり合っています。くわしくはふれられませんが、ここでは、保育分野の見直し策を具体的に提唱している日本経団連「子育てに優しい社会づくりに向けて」（二〇〇七年一一月二〇日）で掲げられたおもな項目を挙げておきます。

・東京都の認証保育所を参考にした柔軟な保育料の設定
・施設整備を行う民間事業者への財政支援
・面積基準・保育職員の資格基準の緩和
・駅前保育所設置を可能にする容積率緩和、保育事業者への賃料補助
・保育サポーター、ボランティアの活用→保育士受験要件の緩和、公的資格に代わる研修
・認定こども園の促進→定員要件の柔軟化

・専業主婦等のニーズに応える直接契約方式の保育

ここから全体としてわかることは、第一に、保育にかかわる規制や資格要件をゆるめさせたいという要求です。二番目に保育形態の多様化を求めています。三番目に契約や料金設定の方式を変更すること、これは前に述べた社会保障審議会少子化特別部会案の中心部分に照応しています。そして四番目に保育事業に参入する企業活動へ助成することを求めています。

これらの要求をながめてゆくと、将来の保育の姿について財界が何を望んでいるかが浮かび上がってくるのではないでしょうか。保育制度「改革」を要求する財界のねらいについてみてゆくことにしましょう。

財界が主導する「改革」のねらい①――女性労働力の動員

保育サービスの拡大を財界が熱心に望んでいることはたしかです。そしてそう望むのは、女性労働力を活用する際、子育てが障害になっているという認識があるからです。

女性が子育てと両立して働き続けられる。このことはもちろん望ましいことです。そのことに反対する理由はまったくありません。ならば、財界が要求する保育サービスの拡大だっていいこと、と賛成してよいのでしょうか。

財界の要求にかかわって、先に紹介した特別部会が二〇〇八年五月に発表した「中間とりまとめ」に、気になることが書かれています。「サービス（現物給付）の拡充に優先的にとりくむ」と、量的拡大の優先をにじませる記述があるのです。保育には、量と質の両面があるわけですが、「全体的に量が不十分であり、保育サービス、放課後児童クラブや、地域子育て支援拠点、一時預かりなど、さまざまなサービスにおいて、必要な人が必要な時に利用可能な状態になっていない」とし、「特に、保育サービスや放課後児童クラブなど、仕事と子育ての両立を支えるサービスについては、サービス基盤の整備と、女性の就業希望の実現が相互に関連するため、大きな潜在需要を抱えている」とも言っています。働きたいという女性たちの願いに応えていくには、従来の公立保育所や民間保育所では足りないので、認定こども園や保育ママ制度、一時預かりなどの多様なサービスを量的に拡大していかなければならないというわけです。

前節で、受給権の導入にともなって、起こりそうなこととして、「いろいろな保育サービスをひっかき集める」ということが起こるのではないかと言いました。保育所が足りないから増やそうというのではなく、多様なサービスで対応しよう、ということです。「多様」と言えば聞こえはいいけれど、「質じゃなくてまず量が先だ」というニュアンスの表現からは、安上がりのサービスをあてがう意図しか受けとれません。

問題のポイントははっきりしています。保育サービスの拡大が必要と本当に考えるなら、現在の公的保育制度をもっともっと充実させればよいはずなのに、なぜそうしないのか、ということです。日本経団連は、つい最近（〇九年二月）、緊急の少子化対策として一兆八千六百億円を待機児解消に充てるよう提言（「少子化対策についての提言――国の最重要課題として位置づけ、財政の重点的な投入を求める」）していますが、その内容は、「まずもって量の拡充」を図り、措置制度から「契約を通じ、利用者と事業者が直接向き合う関係」に変えろ、というものです。

つまり、公立保育所の増設や認可・無認可保育所の補助拡大によって保育の質を保ちながら量を拡大する方策を頭から認めず、そうはさせないと宣言しているようなものです。保育の質を維持しながら現在の利用者負担をもっと楽にして子どもを預けやすくすることなど、まったく想定していないといえます。神奈川県で、ある市立保育園の保育士に母親が脅迫メールを七千五百回も送って逮捕された事件がありました。パート店員として勤めていたその母親は、「月給は手取りで九万円。公立保育園なら月一万二千円程度の保育料で済むのに、民間では月六万円もかかっていると思うと腹が立ってきてメールを送った」と述べたといいます（神奈川新聞、二〇〇八年一一月一四日付）。そんな事態を起こさせないためには、安くてなおかつ質の高い充実した保育が必要ですし、そのことを保障する公的な支えが不可欠です。「手取り九万円でも大丈夫な安上がりな預け方がありますよ」という保育サービスではおかしいのです。財界の保育サービス構想は、そうした安上がり保育、「とりあえず預ける場所があればいい」状態をつくろうというものなのです。

わずかな収入でも預けられる安上がり保育の拡大には、私たちが見落としてはいけない重大な点があります。女性労働の待遇が低いままに抑えられてしまうこと、低収入で劣悪な条件の働き方が前提にされているということ――これが問題です。若年女性のあいだで非正規雇用がこの十数年に驚くべき勢いで広がっています。収入も正規雇用の場合よりもちろん低いわけで、子育ての余裕がないことは第Ⅰ章で述べました。安上がり保育という「受け皿」の拡大は、女性労働者を経済的に余裕のないそんな状態のまま働かせることと無関係ではないと思います。無関係どころか、女性を非正規で安く働かせるために、そういう状態をあたりまえのこととして固定化するために、保育サービスの量的拡大を言っているのではないか、と私は推測しています。

「派遣切り」にはっきりと示された労働者の使い捨てが、いま、大きな社会問題になっています。企業の都合次第で使い捨てられる不安定な働き方が許されてよいはずはありません。だとすれば、若年女性がそうした不安定な労働力に動員されやすい保育のしくみもまた、おかしいのではないでしょうか。生活に余裕がなく、少しでも安く子どもを預かってほしいと願う家庭はたくさんあるでしょう。その願いに本当に応えるのは、安上がり保育の道ではなく、質のよい保育を公的に保障することで経済的負担の心配なく預けられる保育の道なのだと思います。

財界が主導する「改革」のねらい②——保育産業の拡大

財界による保育制度「改革」のもう一つのねらいは、保育分野を新たな市場として開放し、株式会社が自由に保育ビジネスを展開できるようにしたいという点です。保育ビジネス、子育て産業といっても、従来の認可保育園の世界からみると、外側の世界の問題のような感じがして、その実態はあまり知られていないかもしれません。しかし子育て関連ビジネスは、ここ数年、急速に成長しています。

日経流通新聞による二〇〇七年のデータで、前年比二〇％以上成長している分野が二つあります。一つは人材派遣業部門、もう一つが保育サービスです。その両方を結びつけた保育士の人材派遣というものもでてきています。現在もっとも急成長をとげている産業分野といってよいでしょう。保育・子育て分野の産業化がすすみ、企業によるサービス供給が急激に増えているのです。

これは自然に起きたことではなくて、さきほど述べたような規制緩和政策を通じた市場拡大の流れのなかですすんだことです。たとえば、規制緩和が先行していた給食分野をみてみます。最初に規制緩和された病院の集団給食を皮切りに、保育園をふくめたさまざまな福祉施設にも外部委託などの形で民間企業の参入が急速に広がってきています。飲食産業の店舗売り上げランキング（二〇〇七年度、日経流通新聞調査）ベスト・スリーは、日本マクドナルド、すかいらーく、日清医療食品となっていますが、第三位にランクされた日清医療食品（売上高千五百七十億円）は、病院を中心にした集団給食によって急速に成長してきた企業です。三笠フーズの汚染米流通ルートの一つになった日清医療食品は、経常利益ランキングでも、すきやチェーンで知られるゼンショー、日本マクドナルドに次いで、三位（百三十二億円）にランクされています。この年、飲食産業売上高ランキングベスト五十のうちには、集団給食を扱う企業が七社も入っています。こうしたサービス業の多くは従来の保育園の外側で展開されているため、実態をふくめてあまり目に入らなかったと思うのですが、今後保育分野で給食サービスの規制緩和がさらにすすんでいくと、一気に市場が拡大してゆくにちがいありません。

保育に直接たずさわるビジネスはどうでしょうか。

年間売上高が十億円をこえる保育関連サービスの株式会社は八社で総額二百十億円、株式会社がたずさわる保育サービスの市場規模は全体でも三百億円以下（いずれも二〇〇七年度、日経流通新聞調査）ですから、まだまだ市場としては小さな規模です。とはいえ、保育園の従来のイメージからすれば、億単位の金額が基準になる経営の形で保育が営まれる状態は想像しにくいと思います。五十億円弱の売り上げを誇るピジョンを筆頭に、こどもの森（三十三億八千万円）、日本保育サービス（三十三億五千万円）、ポピンズ（三十一億円）の四社だけで百四十七億円の売り上げとなっています。愛知県を本拠とする日本保育サービスは園児全体で三千二百人をかかえ急成長を遂げた会社ですが、この日本保育サービスを傘下におくJPホールディングスはたくさんの保育園のほかに学童保育所や児童館も運営する、いわば子育てコングロマリット（複合）企業といえます。

さらに、最近の特徴として注意したいのは、ピジョンやこどもの森のように、保育関係者もよく耳にしている保育専門の企業だけではなく、保育・子育てとはまったく縁がなさそうな他の業種からも相次いで保育分野への参入が続いていることです。第I章で少し紹介しましたが、こうした子育て・保育サービス企業は、認可保育園を経営するだけでなく、送迎や家事代行など、従来の認可保育園がやっていなかったことを、多様なニーズに応えますという宣伝文句で、次々とやってのけていきます。前項で述べた「安上がり保育」にたいして、一方ではこうしたいわば「セレブ保育」もまた一層広がってゆくものと思われます。

このように、保育分野への株式会社の進出がすすんでいる背景には、給食サービスの場合と同様に、規制緩和政策があります。日本保育サービスの保育園十ヵ所を新設認可した横浜市は、施設整備等に社会福祉法人と同様の支援を与えていますし、東京都が、二〇〇一年から、認証保育所制度という新たなしくみを使って株式会社立保育所を積極的に支援してきたことはよく知られています（二〇〇八年五月時点の民間事業者による認証保育所三百二十二ヵ所のうち、二百二十六ヵ所が株式会社立です）。これらは、二〇〇〇年三月に厚生労働省が株式会社立保育所解禁の通達を出したことで、都市部で急速に広がってきたのです。

財界の要求する保育制度「改革」のなかには、社会福祉法人に限られている施設整備交付金の給付や企業会計の適用といった項目があります。この間公立保育園の民営化がかなりすすんでいるにもかかわらず、社会福祉法人設立園の受託が多く、株式会社の参入がなかなかすすんでいないことへのいらだちが背景にあります。さらに「地方公共団体への指導の徹底」として、自治体が先頭になって、もっと株式会社が選定されやすくするように誘導するというような、露骨な内容もふくまれています。これらはみな、規制緩和によって保育サービスの市場をもっと広げろという要求にほかならないのです。

財界が要求する保育の制度「改革」が、「多様なニーズ」に応える保育サービスの拡大であることはすでにみました。前に紹介した経団連の緊急提言では、待機児解消のために必要な追加コストを一兆八千六百億円としていますが、その資金が保育サービス市場の拡大に役立つことを財界は強く望んでいるのです。三百億円足らずのいまの市場規模では魅力がないけれど、一千億円を優に超えるような保育・子育てマーケットが生まれるとすれば、企業にとっては大きなビジネス・チャンスになる、というもくろみです。なるほど、そういうことなら、なぜ財界が子育て政策に熱心なのか、理解できます。それが保育のあり方にとって望ましいことなのかどうか、いま真剣に考えなければならない時期に来ているといえます。

3 保育の何が危機なのか

公立・民間もろとも競争させられる

こうしてみると、政府がいますすめている保育・子育て政策は、全体として、財界の考え方や方針にそのままぴったり寄り添ってすすめられていることがあきらかです。そして、いますすんでいる保育制度「改革」が、民営化問題にとどまるものではないこともわかってもらえると思います。公立保育園の民営化が重大問題ではない、ということではありません。民営化問題が重要なのは、特別部会の報告案にはっきりと姿をあらわした保育制度の根本的な改悪をスムーズにすすめてゆく有効なステップになるからです。それはいったいどういうからくりになっているのでしょうか。

公立保育園の民営化といっても、私企業が受ける場合もあるし、社会福祉法人が受ける場合もあります。全部をひっくるめて、「民間は質が悪いから民営化反対」と単純化してとらえることは、保育運動の歴史や、これまで民間の保育が実際に積み上げてきた実践を無視することになり、的確とは言えません。では、その地域で質のいい保育を行ってきた民間保育園が受託すればその質は維持されるのかというと、そうはならない、そうさせないところに、民営化という政策の役割がひそんでいます。

一つは、民営化にともなって「多様なニーズ」に応えるような保育形態が要求されるということです。これは公立にとどまっても民間に移しても同じように要求されます。そうしたさまざまなサービスを用意し行うためには、たとえば、非常勤の保育士さんをいままで以上に雇用しないとやっていけないといった状況になります。そういう形で保育の中身が変化することによって、民間の保育園も従来のあり方を維持できなくなります。

もう一つは、市場化によってより大きな資本規模をもった保育ビジネスとの競争関係におかれるということです。保育所が利用量のそれぞれにちがう受給権を持った家庭と直接に「契約」を結ぶことで運営費と保育料を得るしくみ、それが保育制度「改革」のめざすしくみでした。このしくみが実現すると、「公立」であるか「民間」であるかのちがいはないに等しくなるでしょう。どんな設置形態の保育所だろうと、安定した利用量を確保することが至上命令となり、その目標のためにたがいに競争せざるを得なくなります。株式会社立の保育園もこの競争に同じ条件で参加できることになれば、資本力の差が利用者確保のちがいにつながることも大いに考えられます。公立であれ民間であれ、これまでの保育園は地域の子育て環境にとって欠くことのできない一部であったのですが、そこに、ことなる経営戦略をもつ保育サービスが入りこんでくる、ということです。

コンビニのようなフランチャイズ・チェーンの事業形態を考えてもらえば、保育のしくみにどれほど大きな変化が出現するかわかると思います。コンビニはいま、おおよそ二軒が出店するあいだに一軒がつぶれている関係になっています。株式会社立の保育園の場合、利潤をあげることが至上命令の私企業ですから、たとえ園児がいようと、もうからなくなったらすぐにその地域から撤退することこそが合理的です。大型店舗が郊外にできたものの、想定していた利潤が見こめなくなれば、すぐこわして撤退する。そのころには地元商店街は大型店舗との競争に負けてつぶされてしまっている。こうした手法は焼き畑産業などと言われますが、同様のことが保育の分野でも起こりかねません。いわば「焼き畑保育」と呼んでいい、そうした事態をはっきり示したのが、エムケイグループの閉園事件でした。

子どもたちを育てる保育の分野でそんなやり方はしたくないと思っても、保育園ごとの経営競争が迫られる事態になれば、「したくない」という気持ちだけではどうにもなりません。

民間の保育園もまた、これまでのような保育を続けることのできない状況に立たされてしまうのです。だから民間か公立かという狭い見方にとどまるのではなくて、民営化によって従来の保育のあり方や保育の考え方、保育サービスの全体が変化していく、民間の保育園もこのままではやっていけない環境のなかにおかれてしまう——そうした点をしっかり見なければいけないと思います。

保育が子育て格差を押し広げる

いますすめられている保育制度「改革」が、これまでの保育のあり方を根本から変えてしまうものであることを述べてきました。では、保育制度をそのように変えることで、いったいどのような保育の姿が生まれるのでしょうか。問題点のいくつかにはすでにふれていますが、全体としてどんな保育の姿に変わる可能性（危険性）があるのか、最後に考えてみます。

このまま制度「改革」が野放図に進行するならば、子育て格差を拡大する格差社会型の保育に変質するのではないか——私はそう予測しています。「格差社会型」と呼ぶのは、何よりもまず、保育内容に差がつけられ、「恵まれた保育」と貧困な保育のちがいが出現するしくみだからです（「恵まれた保育」とカッコをつけているのは、あとで述べるように、制度「改革」の結果広がる保育のあり方が、本当に恵まれたものであるかどうか疑問だからです）。日々の保育内容に直接かかわってくる制度変更なのだ、という点に注意してください。

新たな保育のしくみを提唱する厚生労働省や財界は、制度として格差をつけるとは公言していません。義務教育分野や高校教育でいま全国に広がっている格差社会型教育とは、その点でまだちがってみえるかもしれません。たとえば、群馬県太田市では「ぐんま国際アカデミー」というところが公立の小学校を運営しています。国語以外の科目はすべて英語で授業する、というきわめてユニークな学校です。当然そのような「特別」な教育には、普通の公立学校よりも経費がかかりますが、この学校では、保護者が年間六十万円ほどの授業料を負担しているということです。また、近年では、有名大学への進学を目的にしたエリート教育の試みが公立高校にも広がっています。学校教育の世界では、「優秀な子ども」と「できの悪い子ども」に差をつける教育が公然と広がっている状況なのです。

けれども、勉強を教えるわけではない保育の場でそんなことは生じないだろうと考えるのは早計です。結局は保育内容の格差を生み出し、子育ての格差を押し広げてしまうような危険性が、「新たな保育の仕組み」にはひそんでいます。「格差をつけてよい」と言っていなくても、制度の働きを通じて子育て格差がますます拡大せざるを得ない――そこが「構造改革」の「構造」改革たるゆえんです。だからこそ、いま提案されている「改革」の中味をしっかりと検討し、批判してゆく必要があるのです。次節以降で述べるように、制度の改変は保育の中味や保育という営み自体のあり方、保育像を変質させます。

保育像を変質させると述べましたが、いまの保育像は、ではどんなものでしょうか。保育や保育園という言葉から私たちが思い浮かべるイメージはさまざまですが、保育にかかわる職員や子どもを保育所に預けた経験のある親（私もその一人です）が、はっきり意識していなくても、共通に抱く像のようなものがあるのではないでしょうか。たとえば、園児の人数があまりに多いので保育士さんが名前を覚えきれないなどと聞けば、「えっ、それで保育園？」と感じるでしょう。ふだんはあまり意識されていないかもしれませんが、保育とはこんな世界というイメージが、私たちのあいだで共有されているからです。「保育ってこんな世界」とイメージできる共通性を支えているのは、それではどんな力なのでしょうか。

みんなで給食を食べるとか、朝から夕方まで一緒にいるといった保育園のイメージを土台で支えているのは、施設の基準等々、さまざまな形で設けられている公的な基準です。そういう基準は保育の中味と無関係にみえますが、そうではありません。公立園だろうと民間園だろうと、「保育とはこんな営み」というような共通するあり方をつくるうえで、公的な基準は重要な役割を果たしているのです。

また、「子どもの名前も覚えていないのはヘン」という感じ方が共有されるのは、保育実践や保育士の仕事についても共通の像が存在するからです。保育運動に支えられてきた面が大きいですが、この共通の土台を保育労働者の横断性と呼んでおきます。そうした横断性があるからこそ、個々のことがらについての見方のちがいやとりくみの多様性があっても、それら全体を保育の営みとしてとらえることができるのです。

最後に、親、保護者にたいする平等主義的位置づけと対応とを挙げておきます。家庭背景や社会環境がことなる子どもたちにたいし、不平等な扱いをしないことは当然です。保育料を二倍払ってくれる場合には手のかけ方も二倍にするなどと、だれも想像さえしないと思います。子どもにとって最善のあり方を追求する点での平等が、ここで言う平等主義的位置づけの内容です。

保育制度「改革」が変質させ、破壊してしまうのは、このような土台です。どのようにこわされてしまうのか。「制度」が変わることで、保育の中味や保育にかかわる人たちの人間関係にどのような変化が生まれるのか、具体的に検討してゆきます。

保育内容に値段がつけられる

特別部会が打ち出している「新たな保育の仕組み」では、保育の必要性を「保育」時間（利用量）で計られる三つのタイプに区分していました。ここでの利用量はたとえば上限四十時間までという形で認定される（受給権を認められる）方式ですから、三十時間の保育というのもあるわけです。要するに「何時間預かるか」が一番の基本ということになります。特別部会報告は一時預かりをまた別としているので、時間のちがう「保育」に加えて、さらに一時預かりが加わる可能性があります。極端な場合を考えれば、子どもたち一人ひとりがみな保育園で過ごす時間にかなりのバラつきが生じることだって起きる、ということなのです。

これまでの保育のあり方をイメージすれば、ウィークデイの全日を子どもが一緒に過ごすのがあたりまえだと感じられてきたはずですが、「新たな保育の仕組み」構想では、預かる時間がちがうのが普通になります。短時間「保育」が複雑に組み合わさるよりも、全日保育の子どもたちが続けて通ってくるほうが、保育所にとっては確実にやりやすいし望ましいはずです。そこで、直接契約方式が保育所・保育施設をたがいに競争関係におくことを思い出してください。保育所にとって望ましい子どもがたくさん来てほしいと思うのは当然ですから、コマ切れの利用者はなるべく避け、全日保育を希望する利用者とより多くの契約を結ぶ競争が激化するでしょう。また逆に、利用者を増やすために、「いろいろな時間帯に対応します」とか、「短時間でも預かります」というサービス競争も、一方では出現するにちがいありません。

こうした競争を通じて、「とにかく預かります」という保育サービス側の「売り」と、「預かってもらえるだけで助かる」という利用者側の反応とがたがいに行き交うような、そんな関係が広がってゆくのではないか、と私は推測しています。保育所も親、保護者も「どれだけの時間預かるか・預けるか」にもっぱら注意を向け、そういう関係の結び方を迫られるほど、保育の中心イメージが「ある時間子どもたちをその場においておく」ことへと誘導されてゆくのです。つまり、保育が、何よりもまず、「子どもを収容するだけの場」としてとらえられることになります。

「いや、そんなことにはならない、新保育指針のなかにも、子どもの発達を保障するためのさまざまな保育の営みについて書かれているではないか」――そう反論されるかもしれません。ただ「収容」しておけばいいなどと保育者なら決して考えないはず、と言われれば、そのとおりです。保育が文字どおりの意味での「託児」にとどまってよいはずはありません。

保育を「子どもを収容するだけの場」と考えるのは、手がかかるからと患者をベッドに縛りつける「看護」のようなものです。だれもそれでいいなどとは言わないはず……？

たしかに、保育所を「子ども収容所」でよいのだとは、制度「改革」の推進論者だって言いはしません。でも、言っていないからそうならない、とはかぎらないのです。前に、保育の営みについて共通のイメージをつくるのに公的基準が大きな役割を果たす、と述べたことを思い出してください。「どれだけの時間預かるか・預けるか」に注意を集中させる「基準」がつくられるなら、保育像の中心が「子ども収容所」のほうに近づいてゆくことは大いにありそうなことなのです。今月の総保育時間なんて棒グラフが書かれ、目標と達成率がでかでかと載っている——そんな場面をつい想像してしまうのは私だけでしょうか。

安定した経営を実現するためには、なるべく「よい利用者」に来てもらわなければならない——それが「契約をとる」にあたっての保育施設側の希望です。そうした競争関係が生まれれば、他園よりも「よい保育」をしているという「売り」で利用者に来てもらわなければならない、だから保育の質が上がるだろうと、直接契約・直接補助方式の推進論者は言います。「ただ預かればいい」では利用者が来てくれない、というわけです。

はたしてそうなのでしょうか？

ここで考えなければならないことは、応能負担から応益負担への転換（これも、公的基準の変化の一つです）が何を意味しているかということです。応益負担というのは、これはあなたにとって、あるいはあなたの子どもさんにとって利益があるけれども、すべての家庭に共通する利益ではないから、あなたが受けた利便の分についてはあなたに払っていただきます、というしくみです。前に紹介したように、企業による保育サービスではあたりまえに導入されているものです。

これまでも延長保育や休日保育など、「上乗せ」分のサービスはありました。しかしそれは、国の最低基準では不十分だとして自治体の判断でつくられたもので、それを担う園に公的な補助金を出すしくみによって、公的保育の一環として行われていたものです。応益負担とは性格がちがっていたのです。そうした部分もふくめて応益負担の考え方を適用すると、最低基準はつくるとしても、上乗せ分は別料金、サービスを受けた家庭が負担することになります。そうなれば、保育の形態によって料金体系がことなる事態がいまよりももっとはっきり生まれることになります。たとえば、上限二十時間の受給権を認められた親が、ある週、やむをえず二十八時間預かってもらうことになると、八時間分はすべて自己負担になってしまいます。

応益負担の考え方が基準になってゆくと、時間だけでなく、保育内容にも料金がつけられる可能性が広がります。まず「標準」のサービスと、費用がかかるサービスとがよりはっきり区分されるでしょう。そして、そうした新しい区分に対応した保育内容の再編が、設置形態のことなる保育園のあいだだけではなく、一つの保育園のなかでも生じることになります。たとえば株式会社立の保育園だから英語を教えて、その分エクストラの料金を払うといった「多様な保育サービス」については、もっぱら企業が担うというような保育サービスの「すみわけ」だけではすまずに、これまでは公的保育の責任として営まれてきた保育内容が、応益的な料金体系というモノサシをあてがわれることによって再編されてゆくのです。

応益負担の考え方をつらぬくことは、このように、保育の仕事を料金体系にてらして分類しなおすことを意味します。現在の保育では、応益的な部分が限定的にあるとはいえ、それぞれにちがう事情をかかえた家庭のいろいろな子どもたちにたいして、いわば多様性をつつみこんだ「保育園の子育て」が行われています。ところが、応益負担の徹底は、そうした「保育園の子育て」がいったんバラバラにされ値段がつけられてしまう可能性を広げるのです。そしてそれは、前に述べた、親・保護者にたいする平等主義的位置づけという保育像をくずしてしまうものなのです。

それだけではありません。応益負担原則は保育の中味、考え方を変質させるテコの役割も果たします。たとえば、いま急激に広まっている幼児の英語教育を考えてみてください。保育園の「標準」サービスに入らない英語学習を別料金で行うとします。そうしたやり方は、さまざまな学習ソフトを販売するのと同じようなものでしょう。英語でなく「読み書き」ソフトでも同じです。要するに、保育とはいろいろな「発達ソフト」を販売するようなものだ、ということになります。その場合、子どもという存在は、「発達ソフト」を入れることで動くようになるコンピュータみたいに考えられているのです。そういう考え方があたりまえになれば、「あの子には読み書きソフトを使っているのに、どうしてうちの子に使ってくれないのですか」といったクレームもまたあたりまえになるでしょう。そしてここまでくれば、保育像が変質していることに気づかれるはずです。応益負担原則は、たんに保育料にかかわる制度の問題だけではなく、保育内容そのものを変化させてしまう「劇薬」なのです。

英語教育をするとか、食品は全部無農薬だとか、保育産業ではそれぞれに特色を出しながら、さまざまなサービスを提供しているわけですが、そうしたサービスは現在の親の要求や不安などの「ニーズ」を背景にしている点で、今後も多様に広がっていくと思われます。しかし、そうしたサービスの内容的な是非は別として、資金力に差のある従来の保育園ではそうしたサービスはできない、ということが起きてきます。すると、市場化されたサービスの中が「セレブ保育」と「安上がり保育」とに二極化していくだけではなく、これまでの公立、民間保育園をもまきこんだ保育の格差がすすんでゆく事態も十分に考えられるのです。

正規職員は園長だけ？

人材派遣会社に雇われた派遣の保育士さんが増えていることを実感されている方は多いと思います。早朝保育、延長保育、一時預かりと、多様な保育時間に応じた保育体制を整えるために、正規の保育士以外の保育士、職員を充てざるを得ないのが保育現場の実態です。保育メニューを増やすからといって正規の保育労働者が増員されることは少なく、非正規職員の増員で仕事をやりくりするのがあたりまえになっています。全国の実態をきちんとつかむ必要がありますが、公立、民間を問わず非正規・臨時職員の増加が急速にすすんでいて、こうした保育労働者の存在なしでは「仕事が回らない」状態が広がっているのです。正規の保育士はよりきつくなった仕事を引き受けつつ、さまざまな時間帯に臨時の保育士、職員が組み合わさって保育をつなぐ、いわば「パッチワーク型保育」が出現している、ということです。

保育の制度「改革」が具体化されると、こうしたパッチワーク型保育の傾向はさらに強まることが予想できます。親・保護者との契約次第で運営が左右され、安定した見通しをたてることができなくなれば、保育所では、正規の保育労働者は最小限におさえ、ますます安上がりの非正規労働者に頼るしかなくなるでしょう。そしてそうなれば、保育の場そのものが変質しかねません。極端な想像にみえますが、ビジネスとしての保育の未来像を例に挙げてみましょう。

言うまでもなく保育は対人サービスですから、コストの主要部分は人件費がしめます。そうした条件の下で、どうやって経営を成り立たせ、そのうえ利潤を確保していくのかが問題になります。そこで考えられる先行モデルがフランチャイズ・チェーン方式の経営です。よくご存じのように、チェーン展開しているコンビニや居酒屋、電気製品や紳士服などのお店がそうです。いずれのチェーン店でも共通しているのは、正規労働者がきわめて少数、大半は非正規労働者が雇用されている点です。正規は店長だけというケースも珍しくありません。正規も非正規も長時間・過剰な労働に従事し、かつ非正規で働く人たちはきわめて待遇が低い、というやり方をとってはじめて収益があげられるからくりになっています。

このモデルを保育園にあてはめると正規職員は園長プラスαだけ、ということになるでしょうか。もちろん、従来も保育者の労働条件や待遇はいいとは言えませんし、労働の中味からみても非常に大変な仕事だということはあるでしょう。しかし、フランチャイズ・チェーン方式が入ってくると、保育の仕事の中味や、労働のあり方までもかなり変えてしまうでしょう。保育労働が過重化し、パートや非正規の保育労働者が激増するなかで、雇用形態のちがう労働者が、それこそパッチワークのようにシフトを調整しながら働く状態が、こうした経営モデルでは、あたりまえになってしまうのです。

パッチワーク型保育が普通になると、現場で共に働く職員が保育について、子どもの姿について、集まって一緒に考え交流する機会、ゆとりが失われてゆきます。「よい保育を」と共通に願っていたとしても、その思いを具体化する保障が奪われ、保育をつなぐのに精一杯という状態に追われてしまいます。待遇も勤務時間もちがう保育労働者が一緒になって保育のあり方を考えあうことは、そのための時間的、経済的保障がないところでは、大変に困難です。つまり、パッチワーク型保育は、前に述べた保育労働者の横断性をこわしてしまう危険性がある、ということです。

これに加えて、株式会社立の保育産業で働く保育労働者の増加もまた、保育労働者の横断性をみえにくくさせています。いま進行中の経済危機のために、保育士志望が増えると見こんだ大手保育事業者は、保育士の採用人数を増やす傾向にあります。保育産業で働く保育労働者はますます増えてゆくことが予想されますが、そうした人たちと共に保育のあり方を考え、保育実践の交流をすすめる場は整っていません。首都圏で問題になったジャングル保育園（二〇〇八年、職員の水増し申請や補助金の不正受給が判明）のように安上がり保育の典型のような現場でも、矛盾を感じ、これでいいのかと疑問を持ちながら働いている労働者がいるのです。市場化がすすんでいるといっても、従来の保育園の側からみると、まだまだ自分たちの外側の問題だと思われるかもしれません。しかし、市場規模がさらに広がっていけば、そういった領域で働く保育士さんやさまざまな職員の人たちは一層増えていきます。これはまさに新しい状況です。

子育て・保育サービスに従事している保育士さんをはじめとする職員の方々の仕事や労働の問題は、労働条件の変化という側面だけで語られがちですが、そうではありません。保育のあり方そのものにかかわる問題なのです。パッチワーク型保育を可能にしているのは非正規・臨時職員の動員です。保育の現場でそうした働き方を余儀なくされている人たちの待遇について真剣に考え、保育現場全体の労働条件をどう改善してゆくのかについて検討できなければ、保育の内容が貧弱になってしまうのです。

また今後は、将来的な保育士不足を理由に、保育士資格要件の緩和が出されてくる可能性が強いと思われます。その点でも、行き届いた保育の実現にとって、保育労働のあり方が重要な焦点となっていることに注目してほしいと思います。

熱心な保育士は「悪い保育士」？

制度「改革」がもたらす保育の歪みの問題についてもう一つだけふれます。

応益負担の考え方にもとづいて運営される保育所同士が競争にさらされる状態を想像してみましょう。応益負担の原則を拡張するなら、延長保育にたいしてエクストラ料金を請求するだけでなく、「保育サービス」の中味についてもエクストラ料金を請求できる可能性が広がります。「私の園では英語を教えますから……」といった具合に、サービスに応じた料金体系をつくることができるわけです。直接契約・直接補助方式の下では、契約をとるための保育所間の競争が生まれますから、上乗せ料金を払っても子どもに受けさせたいと思うようなサービスの競争も広がるでしょう。制度「改革」を推進する議論では、これが望ましい競争の姿だと考えられているようですが、はたしてそうなのでしょうか？

応益負担の保育像のおかしさは前に述べました。ここでは、たとえ「おかしい」と感じても、そのおかしな保育を実行しないことには保育所も保育士も立ちゆかない事情について想像してほしいのです。たとえば、子どもにも親にも熱心にかかわり、一人ひとりの子どもの様子を見ながら、自分なりの働きかけを工夫し実行する保育士さんがいるとします。この保育士さんのしていることは、これまでの常識で判断するなら、高く評価されることはあっても非難されるとは思えません。ところが、応益負担にもとづく「保育サービス」体系が支配する保育の場では逆になってしまいます。

なぜでしょうか?

まず、この保育士さんは、保育サービスの一覧表にない「はみ出した」仕事をしているからダメ、ということになります。その分、余計なコストがかかってしまうという考え方です。じつは「はみ出し」でも何でもない、保育の営みからすれば、この保育士さんのしていることこそがあたりまえのことなのに、逆に、「余計な仕事にかまける」とみられてしまうのです。

このことと関係して、新保育指針に盛りこまれた「自己評価」について気がかりな点を述べておきます。自分たちの仕事がうまくいっているかどうか、子どもや保護者とのかかわりがどうなっているか、評価制度を謳っていなくても、保育の現場ではさまざまな形で評価が行われているはずです。自分の仕事をふり返ったり、たがいの経験を交流することは、保育の質を高めてゆくのに役立つ重要な作業です。その意味での評価（この意味での評価は、カンファレンスと呼ばれるような、実践と方針の相互検討にあたります）は当然だと思いますが、新保育指針で謳われている評価制度が、そうした当然の評価のあり方と同じなのかどうか、気になるのです。保育制度「改革」の動向と重ね合わせて考えると、民間企業で実施されてきた成果主義評価の考え方が導入されるのではないか、だとするとそれは大変にまずい事態だ、と私は感じています。

すでに公立保育所職員のあいだでは、その自治体全体で行っている評価制度にもとづいて自己評価が行われているところがあります。自治体「構造改革」の一環としてここ数年のあいだに広がってきた評価制度の多くは成果主義評価をモデルとしています。一人ひとりに年度ごとの目標を立てさせ、その達成具合を自己申告させ、評価者（保育所であれば園長）が点検し、評価者としての評価（A、B、Cといった段階別で、相対評価の場合が一般的）を加えるやり方です。さらに、この評価を給与等の処遇に連動させることで、よい評価を得るための競争を促進させようという試みもすすんでいます。成果主義評価は、「努力する者が報われる」しくみだと宣伝されていますから、処遇に結びつけるのがそもそもの目的だと言ってもよいのです。

こんなしくみが保育現場に本格的に広がってゆくと、どういう事態が起きるか、すぐに想像がつくのではないでしょうか。

人と人とがあらかじめ予測もつかず、マニュアルどおりにもゆかない多様な形でかかわりあう保育の営みを、一律のモノサシで評価することは、そもそも大変に困難です。何をどのように評価するか、評価できるかを現場の経験からていねいにつくりあげてゆくことなしに、よい評価などできるはずがありません。しかも、個室で一対一の「保育」を行うのではないから、保育には「共同のかかわり」という性格がともなっています。それを切り捨て、保育者一人ひとりをバラバラに相対評価するモノサシは、そのモノサシ自体が歪んでいます。

歪んだモノサシがまかりとおることで、職場の雰囲気は変わり、保育の中味までも歪んでゆきます。目に見える成果が求められるようになり、「手のかかる子」「困った親」と長い時間をかけて信頼関係を築き、かかわり続けるような行き届いた実践がやりづらくなるでしょう。また、失敗はなるべく避けるべきものとされ、トラブルが起きれば個人の責任として、低い評価や待遇につながります。評価につながらない努力は「するだけ損」になり、どんな仕事がどれだけ評価につながるか気にせざるを得なくなります。なさけないことですが、成果主義評価はそうやって子どもたちを育てる仕事の中味を変質させてしまうのです。

実際、こうした自己評価制度をはじめとした「教育改革」が劇的にすすめられた東京などの学校現場では、それまでの同僚関係や実践をくずされる深刻な実態が広がっています。おとなたちの関係をくずしていくこの制度は、子どもたちの姿をも変えてしまうことがあります。子どもたちがどれだけ教育目標を達成したかは教師の評価に直結しますから、評価のまなざしにさらされる教師は、子どもにたいしても、どうしても評価的なまなざしを強めるようになってしまいます。これを敏感に察知した子どもたちは自分の内面を押し隠し、「元気で明るい子」を演じるようになってしまうのです。

保育現場での評価制度は、まだ、そのように深刻な問題をもたらすものとは考えられていませんが、保育所も保育者も競争にさらされる制度「改革」の下では、評価のしくみが保育現場のあり方を変質させる大きなテコとなる可能性があるのです。

親・子どもの側も選別される

これまでみてきた保育制度「改革」の中味を親、保護者の側からみるとどうなるでしょうか。契約で保育所が選べるようになる、と宣伝されていますが、本当なのでしょうか。

保育所が圧倒的に不足する中では、受給権を得ても入所できるとはかぎらないことは前に述べました。それだけでなく、空きがあれば契約できるというのも当てになりません。契約であるならば、保育所の側も断れるのが道理です。経営上望ましい親とそうでない親とのどちらを選ぶかは保育所の判断次第ですから、親もまた保育所によって選択されてしまうのです。手がかかりそうだ、入所するといろいろ問題を起こしそうだ……といった、表に出てこない理由で入れない可能性もある、ということです。そのことを気にしてか、特別部会第一次報告では、困難等の事情を抱えた子どもの優先入所を考えるとしていますが、具体的にどのようなしくみで行うのかについてはふれていません。

契約場面で親、子どもが選択されるだけでなく、評価制度の使い方によっては、日々の保育の中で、「成果の上がらない」子どもがお荷物扱いされる危険性もあります。文科省が強行した全国学力テストの実施が、「できない」子どもへのあからさまな差別を生んでいる例が報告されていますが、同様のことは、成果主義評価の下では陰に陽に起きる危険性があるのです。

そしてそのことがわかる親は、わが子が厄介者と見なされぬよう、「問題」を見せなくなります。いまだって、保育所に預かってもらっているという負い目の感覚を持つ親は、自分の子育てのいたらなさや子どもの問題を保育者に素直に知らせることがむずかしいのです。そのうえ、評価のまなざしで見られるとなれば、「大丈夫です、何も問題ありません」と、とりあえずは言っておこうとするでしょう。

評価の視線を向けあう関係は、保育所と親・保護者のあいだにとどまりません。親同士も、わが子の評価が周囲の子どもたちにどんな影響を及ぼすか敏感にならざるを得ません。「あんなお子さんが同じ組にいるから、クラスの評価が悪くって」と思われてはたまらないからです。評価の視線をそのように向けあうことで、ますます、表向きは何も問題のない「よい子」の姿ができあがる、というわけです。保育者も親も、みんなが問題ないと言いあって「よい評価」をつくりだす――これはもはや保育のフィクションと言うべきではないでしょうか。保育分野の「構造改革」は、このようにして、制度を組み変えるだけでなく、子育ての場を、本当に向きあい共に考えあうべき問題や困難を、だれもが見ないように、やり過ごすようにし向けてゆきかねないのです。

4 いま保育要求に応えるとは

いま緊急に必要なこと

これまで、政府や財界がすすめている保育制度「改革」の内容を中心に述べてきました。「改革」の方向が決して望ましいものでないこと、介護保険など、先行して行われた福祉分野の「構造改革」がもたらした悲惨な状態をみても、保育制度の「構造改革」がかえって子育ての危機を広げてしまうことはあきらかです。将来の社会を支える子どもたちが安心して元気に育つ環境づくりのために、いま政治がなすべきこと、おとな社会が考えるべきことは、このような「改革」ではないと思います。

第I章で述べたように、子育て家庭の貧困がすさまじい勢いで広がっています。米国発の世界同時不況（世界恐慌）がはじまった二〇〇八年九月以降は、さらにその勢いが増して、文字どおり生活が立ちゆかない事態が、日本全国で起きているのです。乳児、幼児をかかえていても、とにかく働かなくては暮らしの立たない母親たちの「子どもを保育所に預かってほしい」という切実な叫びが、津波のように自治体の窓口に押し寄せる状況になっています。都市部を中心に待機児が激増し、一刻の猶予もならないせっぱつまった保育要求が噴出しているのです。

子どもを預けて働かなくては生きてゆけないのに保育所がない――これがいまもっとも深刻な子育ての危機であることはだれの目にも明白なことがらではないでしょうか。政府、自治体は、全力をつくし、公的保育制度の、いまできるあらゆる手段を使って、この危機を克服するとりくみをすすめる責任があるはずです。自治体独自でとりくみをはじめているところもありますが、切迫した要求にたいしてあまりにも対応が貧弱です。緊急に認可保育所を増やす措置をとるなど、政府、自治体が保育を必要とする子どもたちすべてに保育を保障する緊急の対策を行うべきです。

このように、保育を必要とする子どもたちすべてに対処するよう政府、自治体に働きかけることとともに、いま重要になっているのは、子どもを預ける必要に迫られた親、家族の状況や要求をつかみ受けとめる活動だと思います。

新保育指針は、地域社会の子育て環境を整える保育所の役割を強調しています。そうした役割を果たすためには、保育現場での過重な負担、パッチワーク型保育の状態が改善されなければなりませんが、地域の子育て環境に目を配るという考え方自体は大切です。そしてそうだからこそ、保育所に子どもを預けていない（預けられない）親、家庭の実態や要求について知ってゆくこと、「保育の必要」をきちんととらえてゆくとりくみが求められているのではないでしょうか。実態と要求をどのように調べ、どのような相談、支援ができるのか――保育運動のなかで具体的な活動例を広げてゆくことが求められています。

公的保育制度の意義を社会全体につたえ確認させること

保育所の思いきった充実が必要なことは、子育て家庭の現実、待機児の激増ぶりからもはっきりしています。思いきった充実とは、政府、自治体が責任を持って（公的責任の下で）保育事業を提供する、ということです。保育制度「改革」の案にあるような、「どこの保育所とでも契約してください」と親たちを放り出すようなやり方ではなく、現行の制度がそうであるように、行政が保育の提供に責任を持つ形、公的保育のしくみが必要です。もちろん、現在の制度が十分だとは言えません。必要なのに足りない、責任を果たしていない現実があるのだから急いで拡充すべきだ、と言いたいのです。「どうせ公立には入れないのだから、期待してもムダ」という気持ちが待機児家族に広がるなら、現行のしくみである公的保育制度こそが大切だと言ってみても、現実はそうなっていないではないかと、制度が空洞化してゆきます。公的保育制度が大切という訴えが説得力を持つのは、あくまでこの制度があるおかげで保育の必要な子ども、家庭をきちんと保育園が引き受けられる、そういう関係が見えている場合なのです。

ここで、公的保育制度を支えているのは公立保育園だけではないことに注意しましょう。公立であれ民間であれ、保育の必要な子どもたちに応える公的責任を担う点では共通です。たとえば、認可保育園の「認可」というのは、公立であるか民間であるかを問わず、保育という仕事の公共性をきちんと担保するためには、一定の水準が必要であるという考え方にもとづいてつくられたしくみです。ですから民間保育園には公共性がないのではありません。公的な保障としての保育事業を一定の基準で地域社会に実現していくことが求められています。設置形態がちがうのだから質が悪くてもしかたない、というのでは困るのです。

そう考えると、保育の公的責任を果たすために、保育士の人数や資格、建物等々についての基準がいかに大切であるかわかります。保育所が足りないからといって、それらの基準をゆるめ、とにかく子どもを収容できればいいと考えるのはまちがいです。保育の要求が強ければ強いほど、どんな形でもとりあえず預かるしくみにしてしまえ、という圧力も強まります。そしてそういうやり方で劣悪な保育が許されてしまうならば、保育制度の公共性は結局骨抜きにされてしまうのです。

最後に、公立保育園の役割についてつけ加えておきます。「民間保育園も公的保育制度の枠内にあるのだから公立保育園はいらない」という主張もありうるからです。公立保育園の民営化にたいして、公立保育園はどういう公共的役割を担うのかをきちんと考えて、訴えていく必要があります。

保育制度「改革」が実現され、市場化のなかで格差がついたさまざまな保育サービスが同じ地域に混在するようになったときに、公立保育園は一体どういう状態になるでしょうか？極力お金をかけずに、それでいてほかの保育サービス施設がとても受けきれない部分を引き受ける、言ってみれば「底辺保育」を担うのが公立保育園という位置づけになる可能性が強くなるのではないでしょうか。「公立保育園＝低所得階層が子どもを預ける場所」というイメージが広がることさえあるのではないか、と予想できます。保育の公的責任が外されてしまえば、公立保育園が公的責任を果たすうえでのモデルである必要がなくなるからです。

逆に考えれば、いま、公立保育園は、保育とは、どういう内容のサービスなのか、公共サービスとしてどういう中味を保障するのかを具体的に示すモデルになっている、ということです。前に述べたような、保育の営みがこれまで確保してきた横断性や平等性も、大事な要素としてその中にふくまれるでしょう。公立保育園がそうしたモデルとしてあることで、公的保育制度に必要な質を地域社会に知らせている、その役割を外していいのか、ということについて考えてもらうことが大切だと思います。

「共に育つ」保育像とその意義とをあきらかにする

保育制度「改革」は保育の内容をも変質させてしまう、と述べました。マニュアルがあって、単価があって、時間で切り売りできる均質のサービス内容が求められるような保育像は、これまでの保育現場での経験や運動のなかでつちかわれてきた保育、子育ての姿とは縁遠いものですが、「改革」は、私たちに縁遠いそんな姿のほうに保育を近づけてゆきます。先に述べた評価の問題と同様に、「制度」のこわいところは、私たちが「おかしいな」と感じても、抵抗できずにそのしくみに組みこまれ、自分たちのほうの保育の考え方を変えなければやってゆけないように追いこんでゆく点にあります。

保育制度「改革」のおかしさ、問題をきちんとつかむためにも、保育運動が長い時間かけて育ててきた望ましい保育のあり方を、いまの保育状況をふまえて、具体的に示すことが必要だと思います。「いまの保育状況をふまえる」とは、もうすでにパッチワーク型保育のような実態が保育現場に広がっているからで、そういう現実をふまえながら、「子どもたちの成長にとって必要な保育の形とは何か」を提起することが大切だと思うのです。

これまで私たちは、保育園という一つの単位、一つの世界で子どもたちが一日を共に過ごす保育をあたりまえのものと考えてきました。ところが、いま、認定こども園のような場所を考えればわかるように、この「あたりまえ」がくずれようとしています。午後二時から三時間しかいない子もいれば、早朝から夜中までいる子もいます。では、それだからといって、申し込んでいるサービスがちがう、支払っている料金がことなる、ということで、保育内容をも区別するようなやり方は許されるのでしょうか。

「それはちがうだろう」と普通、だれもが考えるのではないでしょうか。「多様なニーズに応える保育」という制度「改革」論は、聞こえはいいけれど、子どもたちが「共にいて共に育つ」ことが持っている重要な意味を取り逃がしてしまうのです。じゃ、三時間預かればいいんでしょ、手が足りないなら短時間の保育士を配置すればいい、いただいた料金分はちゃんとサービスするようにいたします……といった保育のあり方をつきつめれば、介護保険での単価設定に近づいてゆきます。細かい話でいえば、たとえば食事の内容やおやつをどうするかにも全部かかわってくる問題です。このやり方のこわいところは、この子は一時預かりなのだから、このケアは余計だとか、この活動からはちょっとはずしておこう、などという話が自然に出てしまいかねないことです。

子どもが生きる世界は決してそのような形ではつくられていないはずです。子どもたちの日頃の姿を思い浮かべていただければわかると思うのですが、あそびの世界では一時間前から何人かが遊んでいるところに、あとからやってきた子が加わってきて三十分一緒に遊んだりしています。オレとおまえはサービスがちがうから一緒に遊ばない、という世界ではないわけです。設置形態がちがうとかサービスの形態がちがうというのは、言ってみればおとなの都合、子どもたちにとっては外側から与えられた枠づけです。子どもの世界は、そんなことはすっ飛ばしています。

たしかに、毎日来ている子とたまにしか来ない子、登園が遅くてクラスの活動にのりきれない子、園に慣れている子とそうではない子など、保育する側に立てば、問題は単純ではありません。しかしそうであればこそ、そういう状況でも、子どもたちが一つの保育園で、一つの世界でより豊かに育ちあう、そのことを実現する保育のあり方とはどういうものかが問われることになってきます。

保育園は、好むと好まざるとにかかわらず、子どもたちに「かかわりの場」を準備し体験させてしまうところです。親や保護者が「私の子を預かってくれさえすればそれでよい」と思っても、それだけでは決してすまない。保育時間を区切って切り売りしようとしても、そのとおりに区切られて子どもが行動するとはかぎらない。自分より一時間遅いお迎えの友だちと一緒にいるといってきかない子どもの姿は、「共にいて共に育つ」世界としてはごく自然なのです。ですから、どんな「かかわりの場」を準備しつくりあげてゆくのかを考え、「子ども収容所」ではない保育像と、そうした保育にとって必要な条件をあきらかにすることは、保育制度「改革」が想定する保育像に対抗するうえで、重要な課題です。

多様なニーズに対応していけばいくほど、従来の保育の計画や方法を維持していくことがむずかしくなります。場合によっては、従来のやり方を柔軟に変えていかなければいけないことも出てくるでしょう。これはとてもむずかしいことだけれども、じつはいままでも行ってきたことではないでしょうか。夜間保育をはじめたところでは、日中だけの保育をしていた時のような昼間の過ごし方では子どもたちに無理が出てきたことがきっかけで、日課をあれこれ組み替えてみて、どの子にも無理のない過ごし方を編み出してゆく。そうした実践が生まれたからこそ、サービスごとに子どもの世界を切り刻むのとはちがう、いろいろな子どもが一緒にいて一緒に育つということの意味、大切さが示されるようになります。保育現場の経験を集め、「かかわりの場」としての保育にとってどうしても必要な条件や環境をきちんと確認しつたえてゆくことは、保育制度「改革」が保育内容をゆがめてしまうことへの抵抗力をつくってゆくものです。むずかしいけれど、そうやって、実践をとおして新しい保育のイメージを生み出していかなければ、「多様化されたサービスで、みんな料金がちがうから、それぞれのサービスで満足してください」という保育のあり方にとってかわられてしまう、そういう問題なのだと思います。

5 四つの共同をいま

これまで述べてきたことと重なるところもありますが、この章のしめくくりとして、これからの保育運動に求められる共同の課題についてあらためてふれたいと思います。第I章では、親、保護者との子育ての共同について述べましたが、ここでは、民営化や保育制度「改革」によって公的保育制度のしくみが根底からくずされようとしている状況のなかで、こうした動きにストップをかけ、よりよい子育て環境をつくってゆくために必要な視点として、どんな共同の課題・分野があるかを考えてゆきます。

民主的な保育運動を広げてゆくためにどんな視点が必要かを考えるために、これまで必ずしも十分でなかったと思われる点や、新たに重要となっている点にとくに焦点を当てて述べますので、足りないところだけを取り上げているように感じられるかもしれません。しかし、保育の現場がこれまで横断的に積み重ねてきた実績、運動の成果をふまえ、その力を、いまの情勢のなかでどのように広げるかが、いままさに問われている点なので、そうした意味での問題提起として受けとっていただけると幸いです。

①子育て関係施設・団体の共同

「公立か民間か」の見方を越える

最初は、公立保育園と民間保育園の共同という課題です。これまでも共同の関係がなかったわけではありませんから、共同の質を高めると言ったほうが正確かもしれません。

公立保育園の民営化が急速にすすめられて以来、公立保育園と民間保育園とのこれまでの関係は変化を迫られています。さらに、政府のすすめている保育制度「改革」が実現するなら、公立と民間の区別なく競争させられることになってしまうだろうと述べました。では、公立保育園はいったいどうなってしまうのか、不安に思う方が多いのは当然です。しかしここで大切なのは、「公立保育園を守る」というだけの狭い視野で問題をとらえてはならないことです。問題の中心は、内実をともなった公的保育制度をしっかりつくるかどうかです。公的制度としての保育のなかで、公立保育園のはたす役割、はたしてきた役割を広く社会につたえること、同時に、公的保育を担う一環に民間保育園も位置づけられている点を明確にすること――この両方がなければ、「公立だけが優遇されている」といった誤解を十分に解くことができないのです。

別の言い方をすれば、これは、公的保育のどんなしくみ、基準、内容を守るのかについて、公立、民間のちがいを越えて真剣に考え、共同の運動を広げる課題があるということです。さしせまった民営化をめぐって公立と民間とが一緒に運動しにくい場合もあるかもしれませんが、公的保育の担い手として何を守り発展させるのかについての共同の追究が、いま、とても重要になっていると思います。

企業の参入によって保育の担い手が多様化し、民間保育園と一くくりにできなくなることについては前に述べました。「公立か民間か」という二者択一のとらえ方は、この点でも、単純すぎます。公的保育という考え方が外されてしまうと、民間園はむきだしの競争にさらされてゆきます。「公立か民間か」ではなく、子どもに最善の利益を保障する保育のあり方は何かが問われ、「公的保育制度を維持し豊かにするのか、それともこれをくずして保育の市場化に道を開くのか」という対立が問題になっているのです。

幼稚園と保育園が手を結ぶ

公立といっても民間といっても、どちらも保育園の話です。ところが、現在の保育制度「改革」は、認定こども園の促進政策にみられるように、保育園と幼稚園の関係をも大きく変化させようとしています。乳幼児期の子育て環境やケアの内容について、全体としてどう考えてゆくべきなのか、私たちはいま迫られています。

しかし、幼稚園と保育園とのつながり、共同をすすめることはもちろん、構想することも、そんなに簡単ではないと思います。歴史的ななりたち、経緯がちがうということだけではなくて、幼児教育にたいする政府の統制が強まっている事情があるからです。

教育政策の分野では、子どもたちがのびのびと安心して育つ権利ではなく、国家の要求にしたがって子どもたちを育てる義務が強調されるようになってきました。

二〇〇六年一二月、当時の安倍政権が強行した教育基本法の改定は、そうした変化をはっきりと示すものです。改定された教育基本法は幼児教育から大学教育まで、政府の統制がきくような規定を設けた点でも以前の教育基本法と大きくちがっていますが、子どもの教育にたいする家庭の責任について条文の中で述べている点でも見逃すことができません。次の条文がそれです。

「父母その他の保護者は子の教育について第一義的責任を有するものであって、生活のために必要な習慣を身につけさせるとともに自立心を育成し、心身の調和のとれた発達を図るよう努めるものとする」

親の義務を「きちんと」果たしていない「問題親」は国民の義務違反だ、という主張がうかがえますね。きびしい生活のなかで子育ての困難にぶつかっている親に寄り添ってどう支えるか、という観点とはまったくちがいます。

このように親の義務を強調するとともに、幼児教育を、将来、義務化してゆく方向も議論されはじめています。学校教育分野では、いま、格差と新しい競争を生み出す「教育改革」が、小学校から大学まで激しい勢いで進行していますが、幼児までもがそうした競争教育の対象にされかねない危険性を感じます。幼保一元化というかけ声のなかで、小学校に直接つながるような「教育」の導入が、保育園に押しつけられる可能性があるのです。そういう状況のなかで、保育園と幼稚園のつながりをどのように考えるかは、決して簡単ではない課題です。

だからといって、「保育園と幼稚園は役割が別」とだけ言ってすませられないし、それではまずいと思います。保育園と幼稚園のちがいについて、世間一般にゆき渡っているイメージはどんなものでしょうか？　保育園は共働きの家庭の子が行くところ、幼稚園は専業主婦のいる家庭の子が行くところ、というちがい。保育園は全日、幼稚園は半日。こんなところではないでしょうか。しかし、世間にイメージされているこうしたちがいは、一時預かりの広がりや認定こども園の増加などによって、実際にはあいまいになっています。そんな現実を頭において、保育園と幼稚園の関係を、あらためて考えることが必要なのではないでしょうか。

もう一つ、ぜひとも考えてほしいのは、第Ⅰ章で述べたような子育て競争の広がりと、子育て家庭の親にたいする社会的なプレッシャーの高まりにたいし、保育園であれ幼稚園であれ、どう対処してゆくのか、ということです。英語教育はもちろん、さまざまなお稽古ごとに小さい時期から入ってゆく、そんないまの子どもたちにとって本当に大切な子育て環境は何なのか――これをきちんと示しつたえることは、保育園、幼稚園に共通の課題です。つまり、「子どもの育ちを支える」という、共有すべき（共有できる）視点に立った両者の共同が求められているのです。

点から線へ、線から面へ

さらにくわえて言えば、地域の子育て支援センターなど、子どもの成長や子育て環境の整備にかかわる施設、団体が一緒になって子育ての問題に対処してゆく大きな共同を展望してゆく必要があると思います。とりわけ、子育て家庭の貧困が広がっている現実のなかで、行政の役割・責任をしっかり果たさせることをふくめて、これは緊急の課題になっています。

「自分の園だけで大変なのに、そんな余裕はとてもない」と感じられる方がいるのは重々承知しています。「共同を」と言うのは簡単ですが、その中味を実際につくりあげるのは、むずかしい。そのとおりだと思います。大阪の保育運動を担って来られた方が、ある集まりで、「点から線へ、線から面へ」ということを言われていました。最初から全部できるはずがないのは当然のこと、点（一つの園）と点をつないで線に、線をたくさん広げて面（地域全体）に、と運動を広げてゆく考え方と具体的なとりくみが大切だ、というのです。大変重要な、忘れてはならない視点だと思います。それぞれに設置形態や運営のしかたなどがちがっても、子育てにかかわる施設・団体には、「子どもたちが安心して育つ環境を準備する」という共通の地盤があるはずですから、共同をつくり広げることは決して不可能ではないと思います。

②保育、子育てにかかわる非正規労働者・正規労働者の共同

保育の未来にかかわる問題として

介護労働者の悲惨な実態がつたえられるようになり、情熱をもって介護の仕事に打ちこんできた職員が生活難のためにしかたなく辞めてゆく、そしてそのために、必要な介護が続けられなくなるという現実をつきつけられ、政府はあわてて対策をとると言いはじめていますが、そもそも、そうした現実を生み出したのは、介護保険の創設にはじまる政府の制度「改革」でした。保育制度「改革」もまた、同じ道を歩もうとしていますから、保育にかかわる労働者の困難は、さらに一層ひどくなる可能性が大きいのです。

パッチワーク型保育の広がりが、保育にたずさわる仕事をどれだけ変質させてしまうかについて述べました。一方で生活にも事欠くような低賃金の非正規職員、一方で時間的にも責任上も負担がますます重くなる正規職員――そのどちらも、すでにいま保育現場で急激に広まっている現実です。この問題は労働条件の問題にとどまらない、保育そのものの問題です。

同じ職場にいながら、子どもたちの成長や困難についてじっくり考える機会はおろか必要な情報を受けつたえる時間の確保さえ大変な現状は、保育現場での労働のあり方が保育の中味に深くかかわることを教えています。

ですから、正規労働者と非正規労働者の共同をどうやって実現してゆくかは、保育の未来にかかわるもっとも重要な課題の一つです。とくに、正規で働く職員が、保育全体にかかわる課題として、非正規で働く人でも安心して働ける待遇を保障するよう要求し運動してゆくことは、いま真剣に追求すべきポイントだと思います。

保育の質をしっかり保障するという、だれもが望んでいる状態を実現するには、もちろん、正規の保育士が保育にあたるしくみがよいのはあたりまえでしょう。正規の職員を増やすこと、待遇を保障させることは重要な課題です。しかし、それと同時に考えなければならないのは、非常勤として短時間勤務についているなど、さまざまなちがった形態で働いている非正規の保育士さんの待遇はどうなのか、待遇の悪さを放っておいていいのか、というような問題です。保育士さんだけではなくて、調理や用務など、他職種の職員の方々もふくめ、設置形態や雇用形態の枠を越えたつながり、連帯に支えられないと、いまの状況の下で、よい保育、行き届いた保育を実現することはむずかしい——パッチワーク型保育の現実からみて、そういう段階にきているのではないでしょうか。その意味では、保育労働のあり方について、いままでとは質のちがう新しい問題が生まれてきているのです。

企業で働く保育者とも手を結ぶ

正規労働者と非正規労働者の共同という課題は、いうまでもなく、一つの保育園にかぎられるものではありません。たとえば、一時保育や長時間保育などの充実を切実にのぞむ親が、民間保育園や株式会社なら当然引き受けてくれるのに、公立では受け入れていないとなったとき、だから民営化するほうがよい、と主張するようなことがあります。短時間保育のニーズにそうやって民間園が応えるには、一日中働く正規保育士を配置するのはコストがかかりすぎますから、どうしたって短時間勤務の派遣保育士などを配置することになるでしょう。ある園でパッチワーク型保育にストップをかけようとしても、別のところで非正規労働者が増えてゆくのです。とりわけ、「多様なニーズ」に応える経営を謳う保育サービス企業に、多数の非正規労働者が集められることは、十分に考えられる事態です。

こうした事態にたいして、アメリカやヨーロッパでは公契約条例づくりという運動が行われています。民営化されてもそこで働く人の労働条件が一方的に切り下げられることのないように、自治体が民間に委託した仕事につく人の労働条件を保障させるようにする条例です。そのような条例を、議会で決めることによって、自治体に低賃金労働を拡大するような民営化をさせない歯止めをつくろうというものです。

保育の市場化は、企業化された保育の現場で低賃金の保育労働者が働く状態を生み出します。民間園で働く保育労働者の待遇を改善するためには、保育という仕事にふさわしい共通の待遇・条件を保障させるとともに、そうした待遇・条件を非正規の保育労働者にも保障させることが大切です。そうでなければ、正規の保育士が非正規の保育士に代えられてゆく事態が一層すすんでしまうのはまちがいありません。

これらのとりくみをふくめ、どうしたら保育にかかわる労働者が安心して仕事のできる環境をつくってゆけるか、考えなければなりません。

長年の保育運動には、保育の仕事の中身、保育のあり方についてさまざまな蓄積があります。それは非常に貴重なものですが、一部の保育労働者にのみ共有されているのでは、力をもたないのです。さまざまな現場、労働条件で働く人たちが、この現状のなかで、保育とはどうあるべきかを共に考え行動してゆけるかどうか――それが、いま求められている新たな共同の課題ではないでしょうか。

③親と保育者の共同

新保育指針と親支援

親と保育所、保育者との共同、とりわけ、子育ての困難にぶつかっている親、家族とのつながり、関係については、第Ⅰ章でふれたので、ここではくり返しません。格差と貧困の下での子育て不安、子育ての困難をつかみ、親・家族を孤立に追いやらないことが、まずは大切でした。たとえその中味がよいことであっても、子育てを点検したり監視する形で行われると、まったくの逆効果にしかなりません。

たとえば、安倍政権時代に教育再生会議が、「子守歌を歌い、おっぱいをあげ、赤ちゃんの瞳をのぞく」「早寝・早起き・朝ご飯を習慣づける」等々の提言を行おうとしたことがありました。各方面からの異論が出て、この提言は二次報告には盛りこまれませんでしたが、「親はこうすべき」といったモデルを何とか押しつけようとする姿勢があからさまです。その内容をまちがっていないと思う方もいると思いますが、政府がそうしたモノサシをつくって親、家族を脅すやり方は、子育てを萎縮させることにしかならないのです。

そう考えると、新保育指針にも気になることがあります。厚労省が同時に出した「解説書」では、今回の指針の要点の一つ目として、保育所の役割や社会的責任、保育士の業務が明確に位置づけられた点を挙げています。役割や権限を明確にすることはよいことだし、必要なことでもあります。問題はその中味がどうなのかということです。新保育指針は、保育士の役割として、「子どもの保護者に対する保育に関する指導を行うもの」とし、地域の子育て家庭支援にも積極的に乗り出すよう求めています。そのどこが気になるかというと、保護者への指導や支援が、「子育ては家庭の責任」という圧力が強く働いている現在の状況では、もっと強い圧力、「監視」と感じられかねないからです。子どものためによかれと思う助言が、「あなたの子育てはきちんとしていない」という非難に聞こえてしまう……そんな立場に保育所や保育士がおかれてしまうのでは困りますが、親の子育て責任を国家が強調する政策は、そうした不幸な関係を招いてしまう危険があるのです。

親同士・保育者同士も手を結ぶ

共同の妨げになるのは、成果主義的な評価のまなざしです。親は「手がかかる」家庭とは思われないようにする、保育者は弱みを見せない、失敗を避ける、という傾向になり、たがいにいい評価をしてすませようとするようになります。そうしたいわば「馴れあい」の状態では、たがいの本当の困難は隠され、支えあう関係をつくることはできません。親と保育者の共同を実現していくには、じつは、親同士の共同、保育者同士の共同も同時にすすめなければならないでしょう。逆に言えば、親と保育者との共同が強まることによって、子育ての悩みや苦しさ、そして喜びを自然に交わしあえる親たち、家族同士の共同も可能になるのだと思います。

民営化を経験しているあるお母さんから、早朝、自分が子どもを送ったあとに遅れて送りに来た別のお母さんが、そのお母さんの子どもの様子について、「楽しそうに遊んでいたよ」などとケータイで知らせてくれる、という経験談をされていました。民営化によって受けた傷をさまざまな形であらわしてくるわが子のことが、職場についてからも心配なお母さんにとって、どんなにありがたいメールだったことでしょうか。子どもたちが集まる保育園という「場」を介して、親同士がさまざまなつながりを持ち、自分の子どもだけでなく、たがいの子どもの姿に目をこらし、心を向けるようになる。保育園という場がなければむずかしいことであるし、逆に、保育園が、そのように、親同士の共同を仲立ちする働きを持っていないとき、親たちを結びつける努力をしないときには、一つの場に集まることが相互監視や競争になってしまいかねません。

共同の場をつくりだす保育園の働きがなければ、こうした人間的な新たなつながりは生まれてきません。どうしたら、少しでも子どもが楽しく暮らせるか、安心して保育園に通うことができるか。そうしたことを考えあう親同士だったからこそできた新たな人間同士のつながりです。

④地域社会での子育ての共同

地域の子育て支援について方針を持つ

「地域全体で子育てを」とは、さまざまな立場から言われるスローガンです。家族単位でバラバラに切り離され、たがいの交流がない子育てよりも、生活の場所で子どもも親もいろいろなつながりを持てる子育てのほうがよいと、だれでも考えるはずですから、「地域で子育てを」という考え方に反対する人はいないと思います。問題は、これまで述べてきたような子育ての困難を解決するために、地域社会のどのような支援が大切なのか、ということです。

子どもが傷つけられる事件が起きると、子を持つ家庭は不安になりますから、禁止事項を増やしたり監視に頼る傾向が強まります。困難をかかえた家庭が地域社会のなかで孤立し、白い眼でみられるというような事態も起きかねません。監視や禁止に頼ることで困難を表に出せないようにするのではなく、親だけが家庭だけが悩まずにすむよう、地域単位での子育ての共同をどうやって広げるのかが、いま、問われています。

「地域で子育てを」と政府が言う場合、地域での子育て支援をすすめる中心に保育所が位置づけられています。新保育指針では、保育所を地域の子育て拠点とし、保育所に通う子どもだけでなく、地域の子育て家庭への支援も保育所の社会的責任としています。具体的にどういうことをするのかはあまりはっきりしていません。忙しさに追われる保育の現状で、地域全体の子育て支援を要求されても無理な現実もあります。ただ、新保育指針に支援が謳われている以上、その具体化が求められるのはまちがいないでしょう。地域の子育て支援について、考えないというわけにはゆかないのです。

もちろん、地域の子育て拠点になるというからには、保育所や子育てサービスにかかわる公的な施設の公的責任とは何かを、最初にふまえておくべきです。子育て環境をよりよくしてゆくための公的責任、公共責任は自治体にあります。そのなかで保育所はどういう役割を負っているのか明確にしてもらわないと困るのですが、新保育指針にそうした説明はないのです。下手をすると、「こういう問題家庭があります」というような、監視のための情報を、地域社会単位で集めていくための下請けになる、といった事態が起きかねません。そうならないためにも、地域での子育てをこう考える、という視点をしっかり持つことが必要です。

保育所をふくめ、子育てにかかわるさまざまな公的な団体や施設が、地域社会とのかかわり、地域社会のなかで生きている子どもたちの環境、子育て環境全体にたいして視野を広げ、子育て支援の共同を広げることはとても大切だと思います。よりよい保育、よりよい子育ての環境は、地域社会とのかかわりで具体的につくられるものです。保育に関する全国共通の基準は、もちろん、なくてはならないのですが、同時に、子育ての具体的な質、豊かさは、個々の地域社会のなかで実際に子育てにかかわる人たちのすすめる、多様な運動や実践によって支えられています。

これまでの保育運動や学童保育の運動をふり返ってみても、地域の子育て環境と無関係どころか、深くかかわって運動がすすめられてきたと言えます。そもそも、従来の認可保育所や無認可保育所は、その地域の子育ての現実や子育て環境のなかで、やむにやまれぬ要求に応じて発展してきたという歴史があります。ですから新保育指針が述べている地域の子育て支援は、保育運動こそがその中心部分を担ってきた、と言ってよいくらいです。ですから、いま必要なことは、これまでの経験、成果をふまえ、いまの子どもたちの状況や家庭の実態にそくした子育て支援の地域プログラムを立て、具体的なとりくみをすすめることだと思います。

地域単位の合意づくり

地域社会全体を対象とするプログラムというからには、公立、民間という区別はないし、株式会社も入ります。「私たちは企業ですからそれは関係ありません」というのは、「地域で子育てを」の考え方からみて、おかしいのです。「子育てにかかわるサービスに従事しているのだから、企業であっても、少なくともこの地域ではこれだけの責任を負っていただきます」ということを明確にする。保育という公共性をもったサービスを提供している以上、企業もふくめて、地域社会全体の子育て環境として必要なことがらは何なのか、必要な基準は何か、支援にたずさわる施設、団体それぞれの責任は何か……といった点を一つひとつたしかめあい、地域社会の合意としてゆくことが大切です。地域社会を単位にして子育て環境の望ましいあり方についての、親はもちろん住民の方たちをふくめた合意に支えられて、子育てにかかわるサービスが供給される状態になれば、たとえば民営化の是非を検討するにしても、民営化したら安上がりな保育になってしまうなどといったさまざまな問題が出るのをくい止める歯止めになります。

これは運動によってはじめてできることです。地域での子育て支援の共同が広がることで、子育て環境がくずされていく歯止めになるだけではなく、子育て環境をいまよりずっといいものにしていく基盤がつくられます。いま、保育運動に求められているのは、そういう視野に立ったとりくみではないかと思います。

たとえば、埼玉県所沢市では、市内の保育所が行う子ども祭りに数千人の市民が集まり、地域のなかで「子どもの姿が見える」状況をつくりだしています。同様のとりくみはほかの地域でもたくさんあるでしょう。福島県鮫川村の保育者たちは、少子化がすすみ、保育園の統合が避けられない事態に直面しました。民間か公立かなどと言っていられる状態ではないのです。そこで、どうやってよりよい子育て環境をつくるかという観点から、地域住民と共に運動していき、そうしたみんなの思いが、「こどもセンター」という施設として実を結んでいます（この運動は、『さめがわこどもセンター物語』ひとなる書房、にまとめられています）。地域によって状況はそれぞれことなるでしょう。でも、自分たちの暮らす地域の子どもたちが、どんな状態でどんな困難にぶつかっているのかをつかみ、どうしたら環境がよくなるのかを、関係者・住民で考えあい、合意をつくっていくことが非常に大切なのです。その合意を無視して、たとえば市場化とか民営化とかが簡単にできない状態になれば、一方的に公的保育がくずされようとしている現在の流れとはちがう展望がひらけてくるのではないでしょうか。

地域の関係資源をリアルにつかむ

最後に、このような視点から、民主的な保育運動や子育て環境をつくっていく運動をすすめていくうえで欠かせない視点、いわば私たちの地域戦略のかなめとなる点をおさえておきたいと思います。

一つ目の大事な観点は、子どもたちにとって「生きる」、あるいは生活する拠り所やネットワークをどうつくり、どう広げるのかということです。もちろん保育園や学童保育もその一つだと思いますが、ほかにも児童館やフリースペースなど、子どもたちが集まる場所があるはずです。民間、公立を問わず、子どもにとって安心して生きられるような拠り所がどのように整えられていて、どういうネットワークをつくっているのかについての目くばり、視野の豊かさが必要です。

そうした視野を持つためには、自分たちが対象としている地域についてのリアルな認識が必要です。子どもや親は具体的にどんな場を支えにして生きているのか、ということです。保育者ならば、保育園に通ってくる子どもや親のことなら比較的わかりやすいと思うでしょう。それでは、地域社会全体を考えたときはどうでしょうか。

さまざまな年齢の子どもたち、あるいはその子どもを育てている親たちにとって、何が支えになっているのか。案外見えていないところかもしれません。

たとえば、思春期の子どもたちにとっては、一時期であればゲームセンターが支えかもしれないし、コンビニが駅前にあれば、そこが中学生たちの集まる場所かもしれません。それでは、幼児期の子どもを持つお母さんたちはどんな集まり方をしているのでしょうか。団地のある地域なら、そこに住んでいるお母さん方の集まりは、かなり大きな役割を果たしているかもしれません。地域を離れネット上で子育ての悩みを共有する集まりもたくさんあります。たくさんの「親の会」がいろいろな悩み、困難に応じて組織され活動している現実もあります。

そうした実態を、公共の施設とそうではないところ、自分たちからは遠い市場化された消費文化的なところ、などと単純に区分せずに、リアルに見ていくことが必要だと思います。これは地域によって全部ちがうわけです。

このような現状をよく知ったうえで、自分たちの地域のなかで、人と人のつながりをつくっている、つながれる場というのでしょうか、人と人がつながっているその「関係資源」はどこにあるのかを探し、それらを結びつけ広げること――それが地域での子育て支援の共同なのだと思います。

なぜこうした観点が必要かといえば、子どもも親も、地域社会のなかで孤立させないことが大事だからです。孤立した家庭や親や子どもをつくらない、あるいは放置をしない、という方向性をはっきりもつということです。

たとえば、急増している児童虐待や、家庭のさまざまな困難は、あきらかに格差社会化のなかで進行してきたものです。そうした問題が地域社会のなかで放置されていたり、気づかれない状態がすすんでいます。監視ではなくて支えること、孤立しないようにサポートすることが子育て環境を全体としてよりよいものにしてゆくうえで、いま非常に大切なことがらだと感じています。

もう何度も述べたように、子育てにたいする政府の支援は本当に貧弱です。この社会で育つすべての子どもたちが安心してのびのび成長できる環境を整えることは、政府、自治体が果たすべき責任ですが、残念ながらそうなっていません。それどころか、格差と貧困の下で、膨大な子どもたち、子育て家庭が追いつめられ、生きることさえ困難な状態がすすんでいます。この状態はおかしい、格差を拡大する保育制度「改革」や民営化の強行をやめろ、十分な子育て支援、保育の拡充を行え、と政府に求める声を広げてゆかなければなりません。それとともに、よりよい子育て環境を望み、つくろうとしている人々が力をあわせ、「こんなふうに子どもを育てたい」と思えるような環境を、自らの地域で具体的につくってゆくことが求められています。

おわりに

保育にかかわる本を出すことになるとは思ってもみませんでした。二人の子どもを無認可、公立というすべてのタイプの保育所でお世話になったのはもう三十年も前のこと。父親が保育所のさまざまな行事にまめに参加するのはまだ珍しい時代でしたから、とまどうこともあり、また新鮮な驚きもありました。たとえ徹夜で飲んでいても翌朝は子どもを保育所へ……といった経験も、いまでは懐かしく想いだされます。そのときは「大変だ」と感じるばかりでしたが。

保育所がなければ子育てはとうていままならない――そのことだけははっきりしています。保育所が子どもの世界も親の世界も広げてくれたこと、たんに「預かってもらう」だけの場所ではないこと、を実地に学んだと思っています。

子育ての世界を豊かに広げるために保育所が大切な場であるのは、いまも同じはずです。が、保育現場の様子をうかがうにつけ、その大切な場から余裕が奪われ、保育にかかわる職員の方々が追いまくられる状態がつたわってきます。どうしてそうなってしまうのか、保育や子育てにかかわる政策の貧困に怒りが湧いてきます。どこがおかしいのか、何を変えなければいけないのかを考えるために、この本がいくらかでも役に立てればと願っています。

本書の第Ⅱ章のうち第6節は、「若者の『生きている実感』は薄れているか?」(『子ども白書』日本子どもを守る会、二〇〇四年)を修正加筆したものですが、その他の節は月刊『日本の学童ほいく』(全国学童保育連絡協議会)に連載した「若者たちの『今』を知る」(二〇〇五年一〇月~二〇〇六年三月)をもとにしています。執筆時、お世話になった編集部の方々に改めて感謝申し上げます。第Ⅰ章、第Ⅲ章は、保育分野を中心とした講演をもとに新たに書き加えたものです。

ひとなる書房の松井玲子さんから出版のお話をいただいてから三年がたっています。「忙しすぎて無理」と逃げ腰の私を辛抱強く見守り、最後までつきあってできあがりを待ってくれた松井さんの忍耐力なしには、この本は現れなかったでしょう。この場を借りて心からのお礼を申し上げます。

中西新太郎

二〇〇九年五月二十四日

著者——中西新太郎（なかにし　しんたろう）

1948年生まれ。横浜市立大学教授。
専攻は社会哲学、現代日本社会論。
主な著書に、
『思春期の危機を生きる子どもたち』（はるか書房、2001年）
『若者たちに何が起こっているのか』（花伝社、2004年）
『〈生きにくさ〉の根はどこにあるのか』（ＮＰＯ前夜、2007年）
『格差社会とたたかう——〈努力・チャンス・自立〉論批判』
（共著、青木書店、2007年）
『1995年——未了の問題圏』（編著、大月書店、2008年）など。

〈生きづらさ〉の時代の保育哲学

2009年7月15日　初版発行

著　者　中西新太郎
発行者　名古屋研一

発行所　㈱ひとなる書房
東京都文京区本郷2－17－13－101
TEL　03(3811)1372
FAX　03(3811)1383
e-mail : hitonaru@alles.or.jp

印刷／中央精版印刷株式会社